頭にしみこむ
メモリータイム！

寝《ね》る前5分
暗記ブック

小5

Gakken

もくじ

★英語

★算数

★理科

★社会

★国語 ※国語は後ろ側から始まります。

この本の特長と使い方

★この本の特長

暗記に最も適《てき》した時間「寝《ね》る前」で，効率《こうりつ》よく暗記！

この本は，「寝る前の暗記が記憶《きおく》の定着をうながす」というメソッドをもとにして，小5の重要なところだけを集めた参考書です。

暗記に最適な時間を上手に活用して，小5の重要ポイントを効率よくおぼえましょう。

★この本の使い方

この本は，1項目《こうもく》2ページの構成《こうせい》になっていて，5分間で手軽に読めるようにまとめてあります。赤フィルターを使って，赤文字の要点をチェックしてみましょう。

①

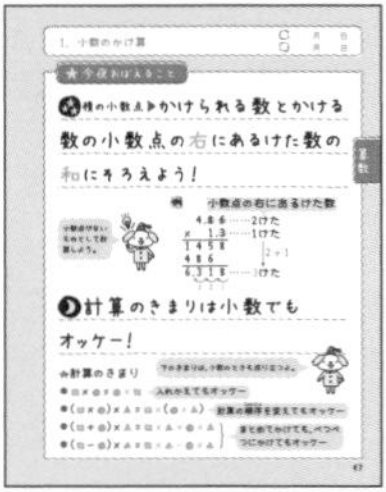

②

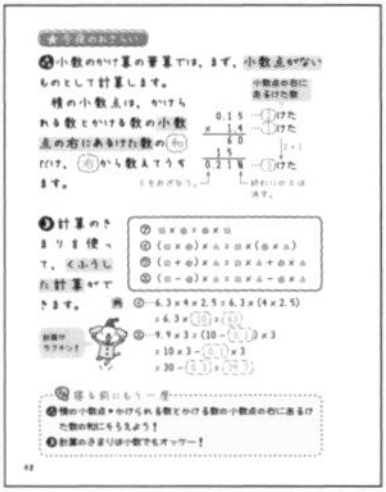

① 1ページ目の「今夜おぼえること」（英語では「今夜の表現《ひょうげん》」）では，その項目の重要ポイントを，語呂《ごろ》合《あ》わせや図解《ずかい》でわかりやすくまとめてあります。

② 2ページ目の「今夜のおさらい」では，1ページ目の内容をやさしい文章でくわしく説明しています。読み終えたら，「寝る前にもう一度」で重要ポイントをもう一度確《かく》認《にん》しましょう。

1. 自己《じこ》しょうかい

□　月　日
□　月　日

★ 今夜の表現《ひょうげん》

英語

Hello《ハロウ》.
My《マイ》 name《ネイム》 is《イズ》 Lisa《リサ》 Brown《ブラウン》.
Nice《ナーイス》 to《トゥ》 meet you《ミーチュー》.

こんにちは。わたしの名前はリサ・ブラウンです。
はじめまして。

I'm《アイム》 Mori《モリ》 Taichi《タイチ》.
Nice《ナーイス》 to《トゥ》 meet you《ミーチュー》, too《トゥー》.

ぼくは森《もり》太《た》一《いち》です。こちらこそ，はじめまして。

★今夜のおさらい

🌟自分の名前を伝えるときは，
My name is ～.（わたしの名前は～です。）や
I'm ～.（わたしは～です。）と言います。

🌟初対面の人に「はじめまして。」とあいさつするときは，**Nice to meet you.** と言います。

Nice to meet you. と言われたら，Nice to meet you, too.（こちらこそ，はじめまして。）と答えよう。

🌙相手の名前のつづりをたずねるときは，
次のように言いましょう。

How《ハーウ》 do《ドゥ》 you《ユー》 spell《スペゥ》 your《ユアァ》 name《ネイム》?
あなたの名前はどうつづるの？

L《エゥ》-I《アイ》-S《エス》-A《エイ》. Lisa《リサ》.
L-I-S-A. リサよ。

寝る前にもう一度

🌟 My name is Lisa Brown.
—I'm Mori Taichi.

2. たん生日

□　月　日
□　月　日

★今夜の表現《ひょうげん》

When《フウェン》 **is**《イズ》 **your**《ユアァ》 **birthday**《バ〜スデイ》, **Taichi**《タイチ》?

あなたのたん生日はいつですか，太一《たいち》。

My《マイ》 **birthday**《バ〜スデイ》 **is**《イズ》 **May**《メイ》 **10th**《テンス》.

ぼくのたん生日は5月10日です。

自分のたん生日の「日にち」を言えるようになろう。

日にちの言い方

1日	first《ファ〜スト》	5日	fifth《フィフス》	9日	ninth《ナーインス》
2日	second《セカンド》	6日	sixth《スィクスス》	10日	tenth《テンス》
3日	third《サ〜ド》	7日	seventh《セヴンス》	20日	twentieth《トウェンティエス》
4日	fourth《フォース》	8日	eighth《エイトス》	30日	thirtieth《サ〜ティエス》

★今夜のおさらい

✪相手のたん生日をたずねるときは、

When is your **birthday**？

（あなたのたん生日はいつですか。）

と言います。

whenは「いつ？」という意味。

✪自分のたん生日を伝えるときは、

My **birthday** is ～.

（わたしのたん生日は～です。）と言います。

日付は「月」→「日にち」の順で言います。

月を表す単語は25ページで確《たし》かめよう

☽たん生日に何がほしいかをたずねるときは、次のように言いましょう。

What《フワット》 do《ドゥ》 you《ユー》 want《ワーント》 for《フォ》 your《ユアァ》 birthday《バ〜スディ》?
たん生日には何がほしい？

I《アイ》 want《ワーント》 a《ア》 new《ニュー》 bag《ベァグ》.
新しいかばんがほしいな。

身の回りのものを表す単語は33ページで確かめよう

寝る前にもう一度

✪ When is your birthday, Taichi?
—My birthday is May 10th.

★ 今夜の表現《ひょうげん》

What《フワット》 is《イズ》 your《ユアァ》 favorite《フェイヴァリト》 animal《エァニマウ》?

あなたの大好きな動物は何ですか。

I《アィ》 like《ライク》 tigers《ターイガァズ》.

わたしはとらが好きです。

黄色い部分を下の単語に入れかえて，大好きなものをたずねてみよう。

色	color《カラァ》	食べ物	food《フード》
教科	subject《サブヂェクト》	スポーツ	sport《スポート》

★今夜のおさらい

favorite は「大好きな、お気に入りの」という意味です。What is your favorite animal? なら、「あなたの大好きな動物は何ですか。」です。

答えるときは、I like tigers. のように、好きなものを具体的に言います。
動物の名前は、複数《ふくすう》を表す s や es をつけた形にします。

相手の好きなものは、like を使ってたずねることもできます。

What《フワット》 sports《スポーツ》 do《ドゥ》 you《ユー》 like《ライク》?
あなたは何のスポーツが好き？

I《アイ》 like《ライク》 baseball《ベイスボーウ》 and《アンド》 soccer《サカァ》.
ぼくは野球とサッカーが好きだよ。

寝る前にもう一度

What is your favorite animal?
—I like tigers.

4. 将来《しょうらい》の夢《ゆめ》

□ 月 日
□ 月 日

★今夜の表現《ひょうげん》

What《フワット》 do《ドゥ》 you《ユー》 want《ワーン》 to《トゥ》 be《ビー》?

あなたは何になりたいですか。

I《アイ》 want《ワーン》 to《トゥ》 be《ビー》 a《ア》 vet《ヴェト》.

わたしはじゅう医さんになりたいです。

I《アイ》 want《ワーン》 to《トゥ》 be《ビー》 an《アン》 artist《アーティスト》.

わたしは芸術《げいじゅつ》家になりたいです。

★今夜のおさらい

相手になりたいものをたずねるときは、

What do you (want) (to) (be)?

(あなたは何になりたいですか。)

と言います。

want to ～ は「～したい」という意味だよ。

なりたいものを答えるときは、

I (want) (to) (be) ～. (わたしは～になりたいです。)

と言います。「～」の部分には職業《しょくぎょう》を表す単語を続けます。

職業を表す単語は43ページで確《たし》かめよう

want toを使った、ほかの表現《ひょうげん》も見てみましょう。

What《フワット》 do《ドゥ》 you《ユー》 want to《ワーントゥ》 study《スタディ》?
何を勉強したい?

I《アイ》 want to《ワーントゥ》 study《スタディ》 science《サーイエンス》.
理科を勉強したいな。

教科を表す単語は41ページで確かめよう

寝る前にもう一度

What do you want to be?
—I want to be a vet. / I want to be an artist.

★今夜の表現《ひょうげん》

Can《キャン》 you《ユー》 ride《ラーイド》 a《ア》 unicycle《ユーニサイコウ》?

あなたは一輪車に乗れますか。

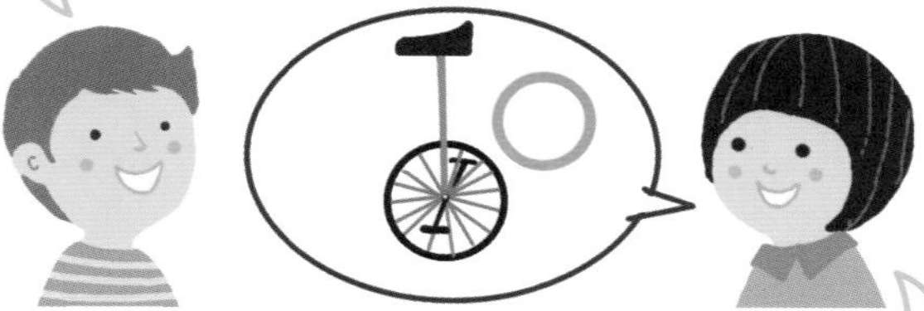

Yes《イエス》, I《アイ》 can《キャン》. I《アイ》 can《キャン》 ride《ラーイド》 a《ア》 unicycle《ユーニサイコウ》.

はい，乗れます。わたしは一輪車に乗れます。

黄色い部分を下のことばに入れかえて，できることを言ってみよう。

swim《スウィム》 well《ウエウ》

上手に泳ぐ

run《ラン》 fast《フェアスト》

速く走る

cook《クック》 well《ウエウ》

上手に料理する

★今夜のおさらい

can は「～できる」という意味です。
「あなたは～できますか。」とたずねるときは、
Can you ～? と言います。

Can you ～? に「はい。」と答えるときには
Yes, I can. と、「いいえ。」と答えるときには
No, I can't. と言います。

I can ～. の I を He (彼《かれ》) や She (彼女《かのじょ》) に変えれば、「彼《かれ》は～できます。」「彼女《かのじょ》は～できます。」のように言えます。

He《ヒー》 can《キャン》 play《プレイ》 the《ザ》 guitar《ギターァ》.
彼《かれ》はギターがひけるよ。

She《シー》 can《キャン》 run《ラン》 fast《フェアスト》.
彼女《かのじょ》は速く走れるよ。

寝る前にもう一度

Can you ride a unicycle?
—Yes, I can. I can ride a unicycle.

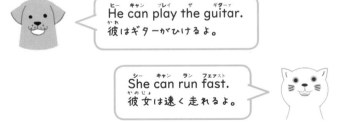

英語

★今夜の表現《ひょうげん》

Where《フウェアァ》 is《イズ》 the《ザ》 black《ブレアク》 cat《キャット》?

黒いねこはどこにいますか。

It's《イッツ》 by《バイ》 the《ザ》 bag《ベアグ》.

（それは）かばんのそばにいます。

It's《イッツ》 on《アン》 the《ザ》 bed《ベード》.

（それは）ベッドの上にいます。

★今夜のおさらい

「どこ？」と、さがしているものの場所をたずねるときは、Where is ～?
(～はどこにありますか[いますか]。)と言います。

「それは～にあります[います]。」と答えるときは、It's のあとに場所を表すことばを続けます。

in《イン》 the《ザ》 box《バークス》

箱の中に

on《アン》 the《ザ》 chair《チェアァ》

いすの上に

under《アンダァ》 the《ザ》 chair《チェアァ》

いすの下に

by《バイ》 the《ザ》 box《バークス》

箱のそばに

on《アン》 the《ザ》 wall《ウォーゥ》

かべ(の上)に

寝る前にもう一度

Where is the black cat?

—It's by the bag. / It's on the bed.

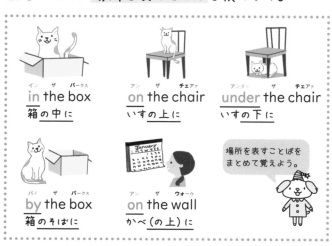

★今夜の表現《ひょうげん》

Where《フウェアァ》 is《イズ》 the《ザ》 library《ラーイブレリ》?

図書館はどこですか。

Go《ゴウ》 straight《ストレイト》 and《エァンド》 turn《タ〜ン》 left《レフト》 at《アト》 the《ザ》 second《セカンド》 corner《コーナァ》.

まっすぐ行って，2つめの角を左に曲がってください。

★今夜のおさらい

行きたい建物やしせつの場所をたずねるときは，Where is ～？（～はどこですか。）と言います。

建物・しせつを表す単語は45ページで確《たし》かめよう

道案内の表現《ひょうげん》をまとめて覚えましょう。

turn《ターン》 left《レフト》
左に曲がる

go《ゴウ》 straight《ストレイト》
まっすぐ行く

turn《ターン》 right《ライト》
右に曲がる

よりくわしく説明するときは，次のように言うこともできます。

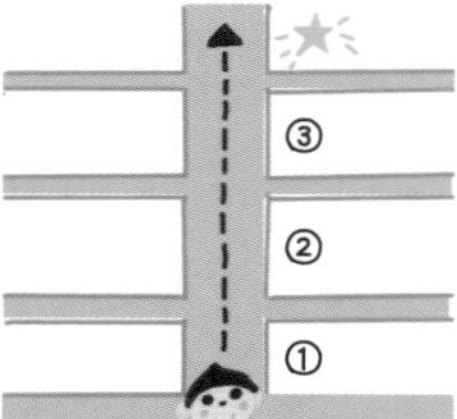

Go《ゴウ》 straight《ストレイト》 for《フォーア》 three《スリー》 blocks《ブラークス》.
You《ユー》 will《ウィウ》 see《スィー》 it《イト》 on《アン》 your《ユアァ》 right《ライト》.
3区画まっすぐ進んでください。
（あなたの）右手に見えますよ。

寝る前にもう一度

Where is the library? — Go straight and turn left at the second corner.

8. 注文

□ 月 日
□ 月 日

★今夜の表現《ひょうげん》

What《フワット》 **would**《ウッ》 you《ヂュー》 like《ライク》?

（ご注文は）何になさいますか。

I'd《アイド》 **like**《ライク》 a《ア》 hot《ハート》 dog《ドーグ》 and《エァンド》 a《ア》 soda《ソウダ》.

ホットドッグを1つとソーダを1つください。

注文したあとに，OK, a hot dog and a soda.（かしこまりました，ホットドッグ1つとソーダ1つですね。）のように，店員さんに確認《かくにん》されることもあるよ。

★今夜のおさらい

What would you like? は「何になさいますか。」という意味で，レストランなどで店員が注文をたずねるときに使います。

食べ物や飲み物を注文するときは，I'd like ～.（～をください。）と言います。ほかに，～, please.（～をお願いします。）と言うこともできます。

食べ物・飲み物を表す単語は37ページで確《たし》かめよう

ねだんをたずねるときは，次のように言いましょう。

How《ハーウ》 much《マッチ》 is《イズ》 it《イト》?
いくらですか。

The《ザ》 hot《ハート》 dog《ドーグ》 is《イズ》 400《フォーハンドレド》 yen《イエン》 and《エァンド》 the《ザ》 soda《ソウダ》 is《イズ》 200《トゥーハンドレド》 yen《イエン》. 600《スィクスハンドレド》 yen《イエン》, please《プリーズ》.
ホットドッグが400円でソーダが200円です。600円お願いします。

寝る前にもう一度

What would you like?
—I'd like a hot dog and a soda.

★今夜の表現《ひょうげん》

Who《フー》 is《イズ》 this《ズィス》?

こちらはだれ[どなた]ですか。

This《ズィス》 is《イズ》 my《マイ》 brother《ブラザァ》.
He《ヒー》 is《イズ》 good《グード》 at《アト》 playing《プレイイング》 baseball《ベイスボーウ》.
He《ヒー》 is《イズ》 very《ヴェリ》 kind《カーインド》.

これはわたしの兄[弟]です。
彼《かれ》は野球をするのが得意です。
彼はとても親切です。

★今夜のおさらい

✪「こちらはだれ［どなた］ですか。」とたずねるときは，Who is this? と言います。答えるときは，自分との関係やその人の名前を言います。

✪ He is good at ～. は，「彼《かれ》は～が得意です。」という意味です。

✪「彼《かれ》［彼女《かのじょ》］は～です。」と性格《せいかく》を説明するときは，He［She］is のあとに性格《せいかく》を表す単語を続けます。

He［She］is のあとに下の単語を入れて，人の性格《せいかく》を説明してみよう。

かっこいい	cool《クーゥ》	活動的な	active《エァクティヴ》
勇かんな	brave《ブレイヴ》	親しみやすい	friendly《フレンドリ》

☽できることや得意なことを説明するときは，can を使うこともあります。

He《ヒー》 can《キャン》 play《プレイ》 baseball《ベイスボーウ》 well《ウエゥ》.
彼《かれ》は上手に野球をすることができます。

寝る前にもう一度

✪ Who is this? — This is my brother. He is good at playing baseball. He is very kind.

10. 月・季節

□ 月 日
□ 月 日

★今夜の単語

1月

January《ヂェァニュエリ》

2月

February《フェブルエリ》

3月

March《マーチ》

4月

April《エイプリゥ》

5月

May《メイ》

6月

June《ヂューン》

7月

July《ヂュラーイ》

8月

August《オーガスト》

9月

September《セプテンバァ》

10月

October《アクトウバァ》

11月

November《ノウヴェンバァ》

12月

December《ディセンバァ》

spring《スプリング》 春

summer《サマァ》 夏

fall《フォーウ》 / autumn《オータム》 秋

winter《ウィンタァ》 冬

★今夜のおさらい

1月から順になるように、□にアルファベットを入れよう。

January → February → March →

April → May → June →

July → August → September →

October → November → December

イラストに合う単語を選ぼう。

spring《スプリング》 ・ winter《ウィンタァ》

fall《フォーウ》 ・ summer《サマァ》

winter《ウィンタァ》 ・ autumn《オータム》

11. 時間帯・曜日など

□ 月 日
□ 月 日

★今夜の単語

morning《モーニング》 朝

breakfast《ブレクファスト》 朝食

afternoon《エァフタヌーン》 午後

lunch《ランチ》 昼食

evening《イーヴニング》 夕方

dinner《ディナァ》 夕食

night《ナーイト》 夜

Sunday《サンデイ》 日曜日

Monday《マンデイ》 月曜日

Tuesday《テューズデイ》 火曜日

Wednesday《ウェンズデイ》 水曜日

Thursday《サ～ズデイ》 木曜日

Friday《フラーイデイ》 金曜日

Saturday《セァタデイ》 土曜日

★今夜のおさらい

日曜日から順になるように、□にアルファベットを入れよう。

Sunday → Monday →

Tuesday → Wednesday →

Thursday → Friday →

Saturday

曜日は大文字で
書き始めるよ。

アルファベットをならべかえて、イラストに合う単語を完成させよう。

[i, o, n, m, g, n, r] → morning《モーニング》

[u, c, l, h, n] → lunch《ランチ》

[n, d, r, i, n, e] → dinner《ディナァ》

12. 家族・人

□ 月 日
□ 月 日

★今夜の単語

boy《ボーイ》	少年	girl《ガ～ゥ》	少女
friend《フレンド》	友達	classmate《クレアスメイト》	同級生
family《フェアミリ》	家族	grandparents《グレアンペアレンツ》	祖父母《そふぼ》

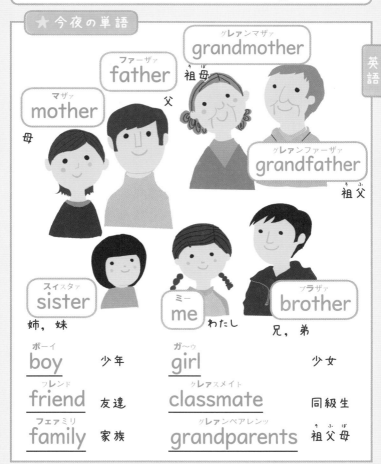

★今夜のおさらい

イラストに合う単語を選ぼう。

father《ファーザァ》 ・ mother《マザァ》

brother《ブラザァ》 ・ sister《スィスタァ》

grandfather《グレァンファーザァ》 ・ grandmother《グレァンマザァ》

アルファベットをならべかえて，イラストに合う単語を完成させよう。

[y, o, b] → boy《ボーイ》

[i, g, l, r] → girl《ガ～ゥ》

[d, e, f, i, n, r] → friend《フレンド》

[a, f, i, l, m, y] → family《フェアミリ》

13. 動物・生き物

□ 月 日
□ 月 日

★今夜の単語

bear《ベアァ》 熊

koala《コウアーラ》 コアラ

horse《ホース》 馬

monkey《マンキ》 さる

tiger《ターイガァ》 とら

panda《ペァンダ》 パンダ

snake《スネイク》 へび

elephant《エレファント》 象《ぞう》

★今夜のおさらい

イラストに合う単語を選ぼう。

dog《ドーグ》 ・ cat《キャット》

fish《フィシュ》 ・ pig《ピーグ》

mouse《マウス》 ・ horse《ホース》

アルファベットをならべかえて，イラストに合う単語を完成させよう。

[d, b, r, i] → bird《バ～ド》

[a, b, e, r] → bear《ベアァ》

[e, a, k, n, s] → snake《スネイク》

[a, b, b, i, r, t] → rabbit《レァビト》

★ 今夜の単語

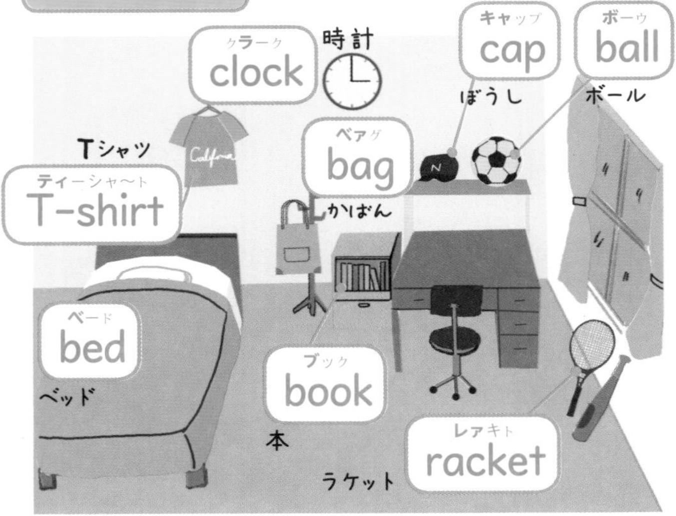

クラーク
clock 時計

キャップ
cap ぼうし

ボーゥ
ball ボール

T シャツ

ティーシャ〜ト
T-shirt

ベァグ
bag かばん

ベード
bed ベッド

ブック
book 本

レァキト
racket ラケット

バークス box	箱	**カップ** cup	カップ
マーカァ marker	マーカー	**ベァスキト** basket	かご
ウォーゥ wall	かべ	**ウィンドウ** window	まど
アンブレラ umbrella	かさ	**ピクチャ** picture	絵, 写真

★今夜のおさらい

イラストに合う単語を選ぼう。

bed《ベード》 ・ box《バークス》

wall《ウォーウ》 ・ cap《キャップ》

clock《クラーク》 ・ window《ウィンドウ》

左のイラストとかかわりが深い単語を選ぼう。

T-shirt《ティーシャ〜ト》 ・ cup《カップ》

ball《ボーウ》 ・ racket《レァキト》

marker《マーカァ》 ・ picture《ピクチャ》

basket《ベァスキト》 ・ book《ブック》

15. 学校

□ 月 日
□ 月 日

★今夜の単語

ruler《ルーラァ》 定規《じょうぎ》

textbook《テクストブク》 教科書

computer《コンピュータァ》 コンピューター

gym《ヂム》 体育館

music《ミューズィク》 room《ルーム》 音楽室

swimming《スウィミング》 pool《プーゥ》 (水泳用)プール

★今夜のおさらい

イラストに合う単語を選ぼう。

desk《デスク》 ・ pen《ペン》

eraser《イレイサァ》 ・ ruler《ルーラァ》

textbook《テクストブク》 ・ notebook《ノウトブク》

library《ラーイブレリ》 ・ gym《ヂム》

アルファベットをならべかえて，イラストに合う単語を完成させよう。

[a, c, i, h, r] → chair《チェアァ》

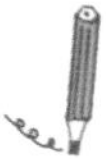

[c, e, i, l, n, p] → pencil《ペンスウ》

[c, l, h, o, s, o] → school《スクーゥ》

英語

★今夜の単語

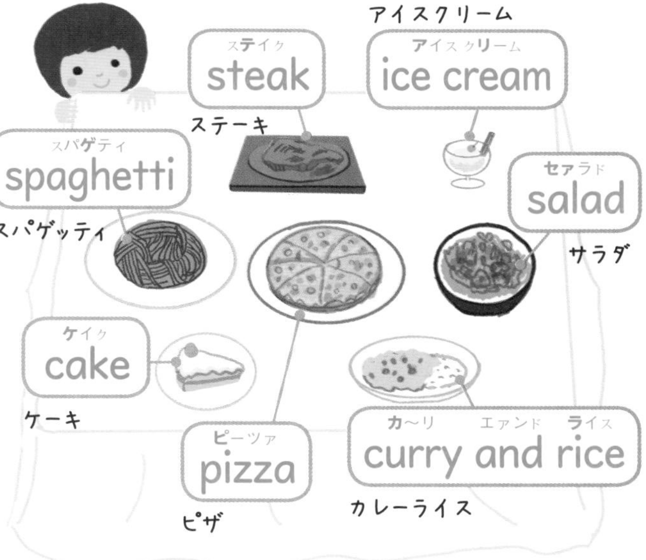

soup《スープ》	スープ	sandwich《セァンドウィチ》	サンドイッチ
tea《ティー》	こう茶	hamburger《ヘァンバ〜ガァ》	ハンバーガー
milk《ミウク》	牛にゅう	French《フレンチ》 fries《フラーイズ》	フライドポテト

★今夜のおさらい

イラストに合う単語を選ぼう。

steak《ステイク》 ・ soup《スープ》

cake《ケイク》 ・ sandwich《セアンドウィチ》

French《フレンチ》 fries《フラーイズ》 ・ spaghetti《スパゲティ》

milk《ミウク》 ・ tea《ティー》

アルファベットをならべかえて，イラストに合う単語を完成させよう。

[c, r, u, r, y] → curry《カ～リ》 and《エアンド》 rice《ライス》

[a, i, z, p, z] → pizza《ピーツァ》

[a, c, e, m, r] → ice《アイス》 cream《クリーム》

★今夜の単語

carrot《キャロト》

にんじん

onion《アニョン》

たまねぎ

potato《ポテイトウ》

じゃがいも

tomato《トメイトウ》

トマト

apple《エアポウ》

りんご

banana《バネァナ》

バナナ

orange《オーリンヂ》

オレンジ

melon《メロン》

メロン

cabbage《キャベヂ》 キャベツ

cucumber《キューカンバァ》 きゅうり

lemon《レモン》 レモン

cherry《チェリ》 さくらんぼ

strawberry《ストローベリ》 いちご

watermelon《ウォータメロン》 すいか

★今夜のおさらい

イラストに合う単語を選ぼう。

tomato《トメイトウ》 ・ potato《ポテイトウ》

cabbage《キャベヂ》 ・ carrot《キャロト》

cherry《チェリ》 ・ orange《オーリンヂ》

watermelon《ウォータメロン》 ・ banana《バネァナ》

左の色とかかわりが深い単語を選ぼう。

red（赤）
melon《メロン》 ・ apple《エアポウ》

yellow（黄）
onion《アニョン》 ・ lemon《レモン》

green（緑）
cucumber《キューカンバァ》 ・ strawberry《ストローベリ》

★今夜の単語

English《イングリシュ》 英語

Japanese《ヂェアパニーズ》 国語

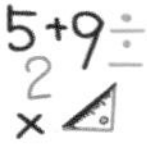

math《メアス》 算数

science《サーイエンス》 理科

music《ミューズィク》 音楽

P.E.《ピーイー》 体育

subject《サブヂェクト》 教科

calligraphy《カリグラフィ》 書写

social《ソウシャウ》 studies《スタディズ》 社会科

arts《アーツ》 and《エアンド》 crafts《クラフツ》 図画工作

home《ホウム》 economics《イコナーミクス》 家庭科

moral《モーラウ》 education《エヂュケイション》 道徳

★今夜のおさらい

イラストに合う単語を選ぼう。

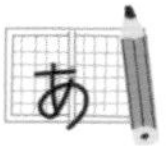

social《ソウシャウ》 studies《スタディズ》 ・ Japanese《ヂェァパニーズ》

English《イングリシュ》 ・ calligraphy《カリグラフィ》

home《ホウム》 economics《イコナーミクス》 ・ P.E.《ピーイー》

アルファベットをならべかえて，イラストに合う単語を完成させよう。

[b, c, e, j, s, t, u] → subject《サブヂェクト》

[a, m, h, t] → math《メァス》

[c, i, m, s, u] → music《ミューズィク》

[c, c, e, e, i, n, s] → science《サーイエンス》

19. 職業《しょくぎょう》

□ 月 日
□ 月 日

★今夜の単語

cook《クック》

料理人

baker《ベイカァ》

パン職人《しょくにん》

doctor《ダークタァ》

医師《いし》

singer《スィンガァ》

歌手

artist《アーティスト》

芸術《げいじゅつ》家

florist《フローリスト》

花屋さん

scientist《サーイエンティスト》

科学者

teacher《ティーチャァ》

教師《きょうし》

vet《ヴェト》 じゅう医師《いし》

police《ポリース》 officer《オーフィサァ》 警察《けいさつ》官

farmer《ファーマァ》 農場経営《けいえい》者

fire《ファーイア》 fighter《ファイタァ》 消防士《しょうぼうし》

zookeeper《ズーキーパァ》 飼育員《しいくいん》

astronaut《エアストロノート》 宇宙飛行士《うちゅうひこうし》

soccer《サーカァ》 player《プレイアァ》 サッカー選手

★今夜のおさらい

イラストに合う単語を選ぼう。

farmer《ファーマァ》 ・ singer《スィンガァ》

artist《アーティスト》 ・ baker《ベイカァ》

scientist《サーイエンティスト》 ・ florist《フローリスト》

左の単語とかかわりが深い単語になるように、空らんをうめよう。

restaurant《レストラント》
（レストラン）

c[o]o[k]《クック》

hospital《ハースピトォ》
（病院）

do[c]t[o]r《ダークタァ》

school《スクーウ》
（学校）

te[a]c[h]er《ティーチャァ》

animal《エァニマウ》
（動物）

zo[o]kee[p]er《ズーキーパァ》

20. 建物・しせつ

□ 月 日
□ 月 日

★ 今夜の単語

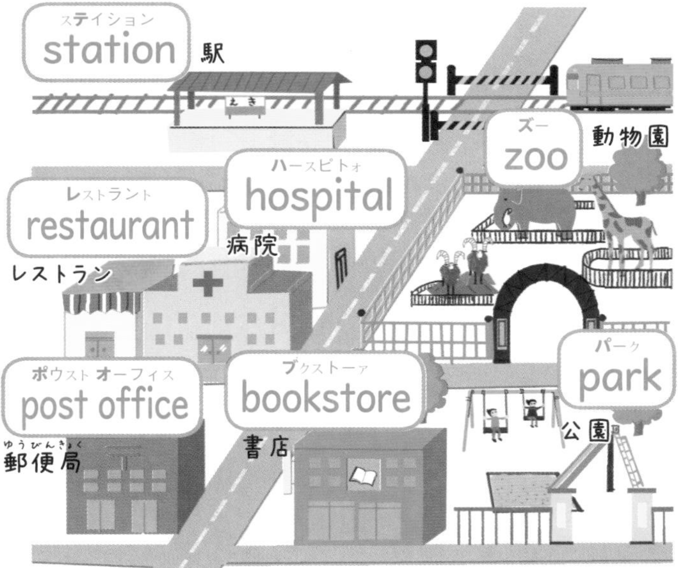

supermarket《スーパマーキッ》 スーパーマーケット

fire station《ファーイア ステイション》 消防署《しょうぼうしょ》

police station《ポリース ステイション》 警察署《けいさつしょ》

★今夜のおさらい

左の単語とかかわりが深い単語になるように、空らんをうめよう。

dinner《ディナァ》
（夕食）

re[s]tauran[t]《レストラント》

fire《ファーイア》 fighter《ファイタァ》
（消防《しょうぼう》士《し》）

[f]ire《ファーイア》 s[t]ation《ステイション》

book《ブック》
（本）

books[t][o]re《ブクストーァ》

shopping《シャピング》
（買い物）

su[p]er[m]arket《スーパマーキッ》

アルファベットをならべかえて、イラストに合う単語を完成させよう。

[a, k, p, r] → park《パーク》

[a, i, n, o, t, s, t] → station《ステイション》

[h, a, i, l, o, s, t, p] → hospital《ハースピトォ》

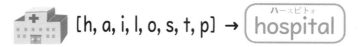

★今夜おぼえること

積の小数点▶かけられる数とかける数の小数点の右にあるけた数の和にそろえよう！

例　小数点の右にあるけた数

```
   4.8 6 ……2けた
×    1.3 ……1けた
 1 4 5 8        ↓ 2＋1
 4 8 6
 6.3 1 8 ……3けた
   3 2 1
```

小数点がないものとして計算しよう。

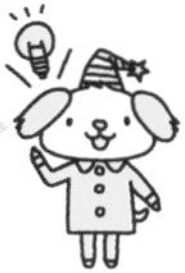

計算のきまりは小数でもオッケー！

下のきまりは，小数のときも成り立つよ。

☆計算のきまり

- □×○＝○×□　入れかえてもオッケー
- (□×○)×△＝□×(○×△)　計算の順序《じゅんじょ》を変えてもオッケー
- (□＋○)×△＝□×△＋○×△
- (□－○)×△＝□×△－○×△

まとめてかけても，べつべつにかけてもオッケー

★今夜のおさらい

小数のかけ算の筆算では、まず、小数点がないものとして計算します。

積の小数点は、かけられる数とかける数の**小数点の右にあるけた数**の 和 だけ、 右 から数えてうちます。

小数点の右にあるけた数

```
    0.1 5  … 2 けた
×     1.4  … 1 けた
    ───        ↓ 2＋1
      6 0
    1 5
    ───
  0.2 1 0  … 3 けた
```

0 をおぎなう。

終わりの 0 は消す。

計算のきまりを使って、くふうした計算ができます。

㋐ ■×●＝●×■
㋑ (■×●)×▲＝■×(●×▲)
㋒ (■＋●)×▲＝■×▲＋●×▲
㋓ (■−●)×▲＝■×▲−●×▲

例 ㋑…6.3×4×2.5＝6.3×(4×2.5)

＝6.3× 10 ＝ 63

㋓…9.9×3＝(10− 0.1)×3

＝10×3− 0.1 ×3

＝30− 0.3 ＝ 29.7

寝る前にもう一度

- 積の小数点▶かけられる数とかける数の小数点の右にあるけた数の和にそろえよう！
- 計算のきまりは小数でもオッケー！

★今夜おぼえること

計算の準備《じゅんび》▶小数点を移《うつ》して，わる数を整数に。

例

2.6)41.3 → 2,6)41,.3

ボクも右に移らなきゃ！

小数÷整数に変身！

これで準備オッケー！
さあ，計算だ！

商とあまりの小数点▶商はわられる数の移した小数点に，あまりはもとの小数点にそろえる。

例

```
          1.5
 2,6 ) 4,1.3
       2 6
       1 5 3
       1 3 0
       0.2 3
```

←商の小数点は，わられる数の右に移した小数点にそろえてうつ。

←あまりの小数点は，わられる数のもとの小数点にそろえてうつ。

★今夜のおさらい

小数のわり算の筆算では，わる数とわられる数の小数点を同じけた数だけ右に移《うつ》し，わる数を整数にして計算します。

商の小数点は，わられる数の右に移した小数点にそろえてうちます。

あまりの小数点は，わられる数のもとの小数点にそろえてうちます。

例

6.4）1.6

小数点を右に1けた移す。

↓

$$\begin{array}{r} 0.25 \\ 6.4\overline{)1.60} \\ \underline{128} \\ 320 \\ \underline{320} \\ 0 \end{array}$$

商の小数点はここにうつ。

0をつけたして，わり算を続ける。

わりきれた！

9.7）31.2

小数点を右に1けた移す。

↓

$$\begin{array}{r} 3 \\ 9.7\overline{)31.2} \\ \underline{291} \\ 2.1 \end{array}$$

あまりの小数点はここにうつ。

寝る前にもう一度

- 計算の準備《じゅんび》▶小数点を移して，わる数を整数に。
- 商とあまりの小数点▶商はわられる数の移した小数点に，あまりはもとの小数点にそろえる。

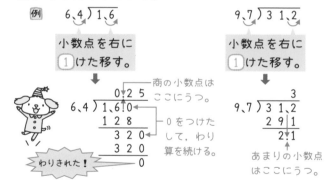

★今夜おぼえること

直方体の体積《たいせき》＝たて×横×高さ

立方体の体積＝1辺×1辺×1辺

例

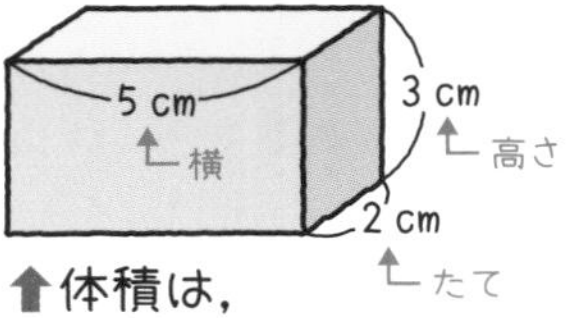

↑体積は，

$2 \times 5 \times 3 = 30\ (cm^3)$
（たて　横　高さ）

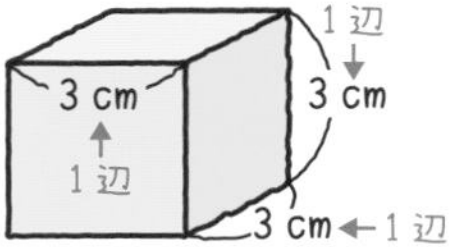

↑体積は，

$3 \times 3 \times 3 = 27\ (cm^3)$
（1辺　1辺　1辺）

体積や容積《ようせき》の単位 ▶ 1 m³は1000000《百万》cm³，

1 Lは1000cm³。

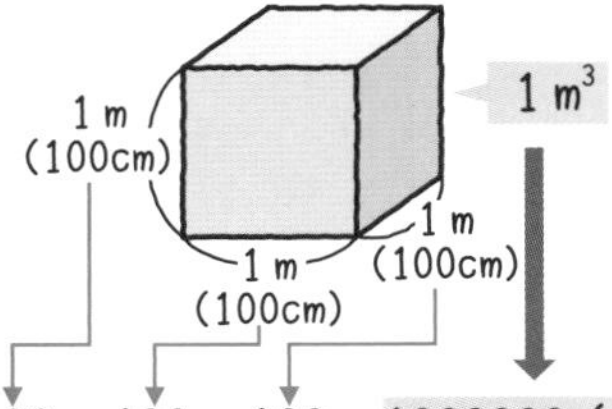

$100 \times 100 \times 100 = 1000000\ (cm^3)$

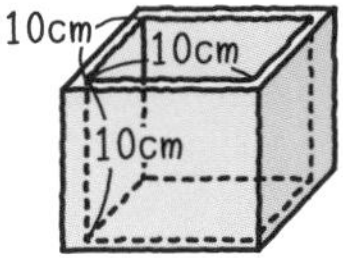

1Lます

↓

入る水の容積は，

$10 \times 10 \times 10$

$= 1000\ (cm^3)$

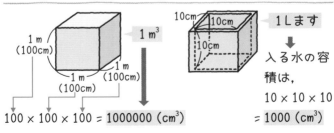

★今夜のおさらい

ものの かさのことを 体積《たいせき》 といいます。1 辺が 1 cm の立方体の体積は $1\ cm^3$ です。

直方体や立方体の体積の公式は，次のようになります。

直方体の体積＝ たて ×横× 高さ
立方体の体積＝1 辺× 1 辺 × 1 辺

例　たて 6 cm，横 8 cm，高さ 12cm の直方体の体積
➡6 × 8 × 12 ＝ 576 (cm^3)
1 辺が 7 cm の立方体の体積
➡ 7 × 7 × 7 ＝ 343 (cm^3)

1 辺が 1 m の立方体の体積は $1\ m^3$ です。

$1m^3$＝ 1000000 cm^3

入れ物の大きさを 容積《ようせき》 といい，その入れ物いっぱいに入る水などの体積で表します。

1L ＝ 1000 cm^3　1mL ＝ 1 cm^3

寝る前にもう一度

- 直方体の体積＝たて×横×高さ
  立方体の体積＝1辺×1辺×1辺
- 体積や容積の単位▶ $1m^3$は1000000cm^3，1Lは1000cm^3。

★今夜おぼえること

ぴったり重なる図形は合同《ごうどう》。

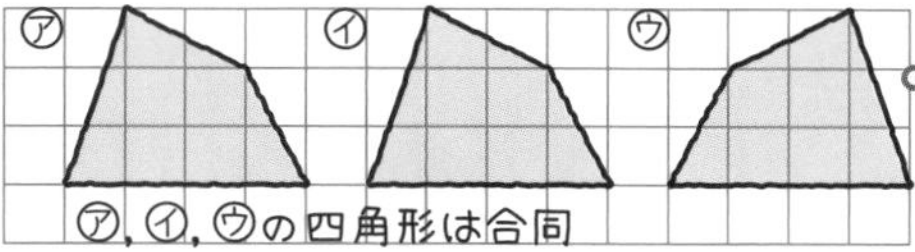

㋒は，㋐や㋑をうら返した図形。

合同な三角形のかき方 ▶ 次の辺の長さや角の大きさを使ってかく。

㋐ 3つの辺

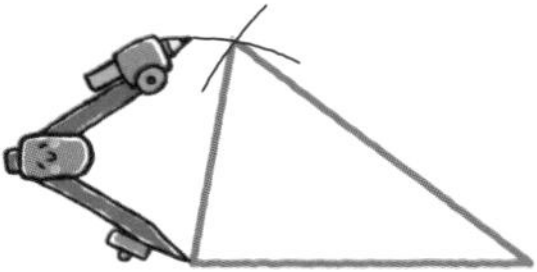

㋑ 2つの辺とその間の角

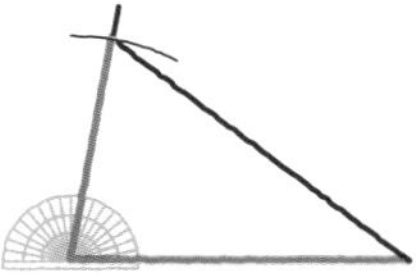

㋒ 1つの辺とその両はしの角

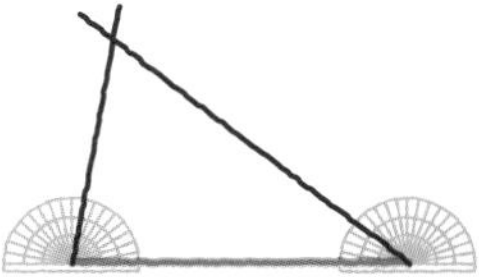

★今夜のおさらい

ぴったり重ね合わすことのできる2つの図形は，**合同《ごうどう》**であるといいます。

合同な図形では，**対応《たいおう》**する（重なり合う）辺の長さや角の大きさは**等しく**なっています。

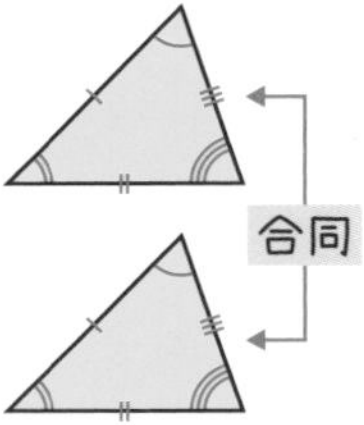

合同な三角形は，次の㋐，㋑，㋒のどれかを使ってかくことができます。

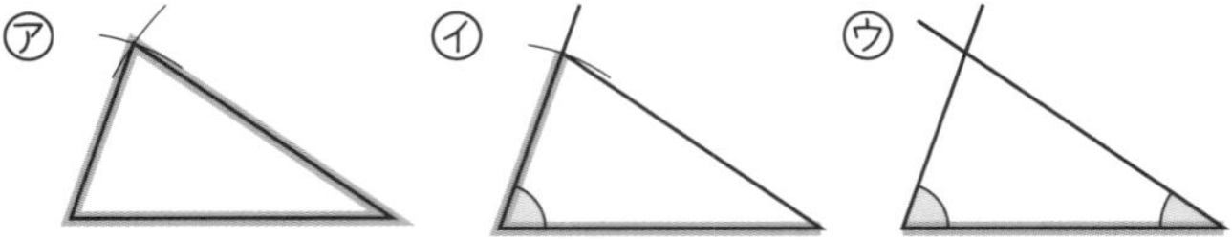

㋐ 3つの辺の長さ

㋑ 2つの辺の長さとその間の角の大きさ

㋒ 1つの辺の長さとその両はしの角の大きさ

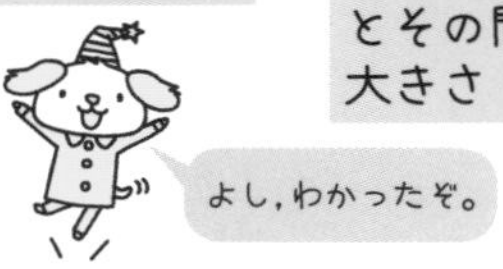

寝る前にもう一度

- ぴったり重なる図形は合同。
- 合同な三角形は，㋐3つの辺の長さ，㋑2つの辺の長さとその間の角の大きさ，㋒1つの辺の長さとその両はしの角の大きさ　の，どれかを使ってかく。

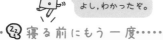

★今夜おぼえること

公倍数《こうばいすう》の見つけ方 ▶ 大きいほうの数の倍数《ばいすう》から見つける。

例　4と6の公倍数は？

大きいほうの6の倍数を調べる。（6に整数をかけてできる数）

➡ 6，⑫，18，㉔，30，㊱，…　（4の倍数に○をつける。）

共通な倍数が公倍数

いちばん小さい公倍数12が最小公倍数《さいしょうこうばいすう》

4に整数をかけてできる数

公約数《こうやくすう》の見つけ方 ▶ 小さいほうの数の約数《やくすう》から見つける。

例　16と24の公約数は？

小さいほうの16の約数を調べる。（16をわりきれる数）

➡ ①，②，④，⑧，16　（24の約数に○をつける。）

24をわりきれる数

共通な約数が公約数

いちばん大きい公約数8が最大公約数《さいだいこうやくすう》

★今夜のおさらい

ある整数に整数をかけてできる数を，その数の倍数《ばいすう》といいます。

例　3の倍数 ➡ 3，6，9，12，…

（3×1　3×2　3×3　3×4）

いくつかの整数に共通な倍数を公倍数《こうばいすう》といいます。

2と3の公倍数は，最小公倍数《さいしょうこうばいすう》6の倍数だよ。

例

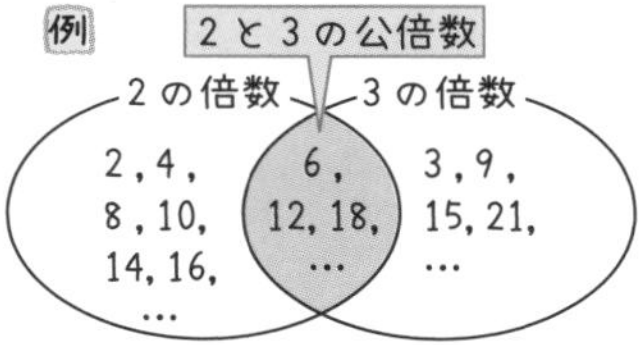

ある整数をわりきることのできる整数を，その数の約数《やくすう》といいます。

例　8の約数 ➡ 1，2，4，8

（8÷1＝8　8÷2＝4　8÷4＝2　8÷8＝1）

いくつかの整数に共通な約数を公約数《こうやくすう》といいます。

8と20の公約数は，最大公約数《さいだいこうやくすう》4の約数だよ。

例

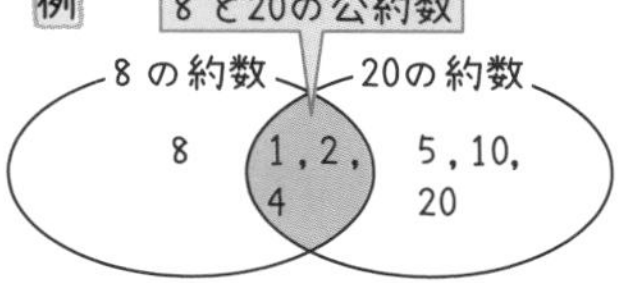

寝る前にもう一度

- 公倍数の見つけ方 ▶ 大きいほうの数の倍数から見つける。
- 公約数の見つけ方 ▶ 小さいほうの数の約数から見つける。

★今夜おぼえること

平均《へいきん》の求め方▶全部たして，個数《こすう》でわる。

例　右のたまご１個の平均の重さは，

58g　56g　55g　59g

(58 + 56 + 55 + 59) ÷ 4 = 228 ÷ 4 = 57 (g)
合計　個数

こみぐあい，面積そろえて比《くら》べよう！

例　部屋A《エー》　たたみ１まいあたりの人数は？　部屋B《ビー》

面積をそろえる！

部屋A…7 ÷ 10 = 0.7（人）
人数　たたみのまい数

部屋B…6 ÷ 8 = 0.75（人）
人数　たたみのまい数

たたみ10まいに７人

たたみ８まいに６人

部屋Ｂのほうが，たたみ１まいあたりの人数が多いので，こんでいるね。

★今夜のおさらい

いくつかの数量を等しい大きさになるようにならしたものを， 平均《へいきん》といいます。

平均＝合計÷個数《こすう》

例　月曜日から金曜日の欠席者数が右の表のようになったとき，1日の欠席者数の平均は，(5＋3＋1＋0＋4)÷5＝2.6（人）

0の日も日数に入れる。

欠席者の人数

曜日	月	火	水	木	金
人数（人）	5	3	1	0	4

合計＝平均×個数

例　たまご1個の重さの平均が56gのとき，たまご4個分の重さは，56×4＝224（g）

こみぐあいは，同じ面積あたりの人数（個数）で比《くら》べます。このようにして表した大きさを，**単位量あたりの大きさ**といいます。

1 km^2 あたりの人口を**人口密度《じんこうみつど》**といいます。

例　面積 42km^2，人口7728人の町の人口密度は，

7728（人口）÷42（面積）＝184（人）

寝る前にもう一度

- 平均の求め方▶全部たして，個数でわる。
- こみぐあい，面積そろえて比べよう！

7. 速さ

□　月　日
□　月　日

★今夜おぼえること

★★★ ゴロ合わせ 速さの公式みち（道）のはじ。

（道のり）　（速さ）（時間）

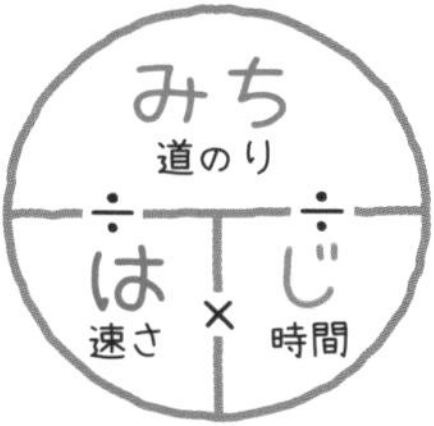

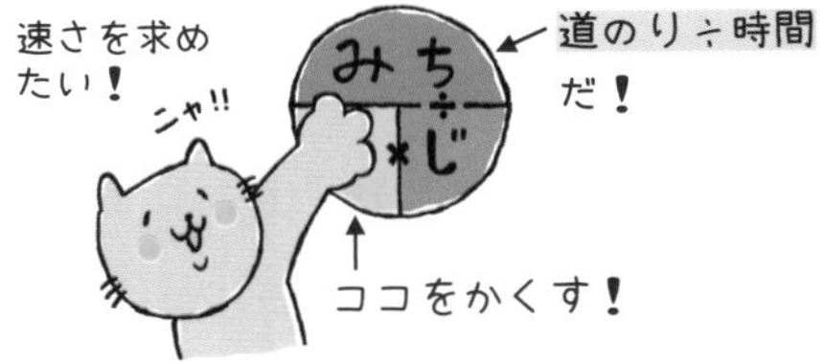

☽ 秒速《びょうそく》→分速《ふんそく》→時速《じそく》は60倍。

秒速 →(×60)→ 分速 →(×60)→ 時速

秒速 ←(÷60)← 分速 ←(÷60)← 時速

例　分速1.4kmで走る電車の時速

↓ 時速は分速の60倍

1.4 × 60 = 84（km）

時速84km

秒速・分速・時速の関係は×と÷をまちがえやすいので注意！

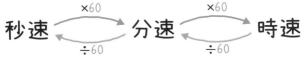

★今夜のおさらい

速さは、単位時間に進む（道のり）で表します。
（1時間）に進む道のりで表した速さを時速《じそく》といいます。

例　4時間で140kmを走るバスの時速

➡ （140）÷（4）＝35（km）
　道のり　時間　速さ

時速35km

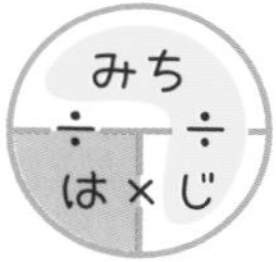

時速40kmで走るトラックが3時間に進む道のり

➡ （40）×（3）＝120（km）
　速さ　時間　道のり

120km

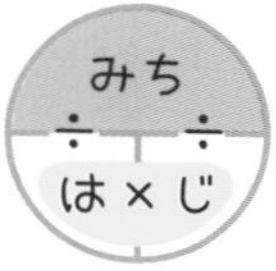

時速3kmで15km歩くのにかかる時間

➡ （15）÷（3）＝5（時間）
　道のり　速さ　時間

5時間

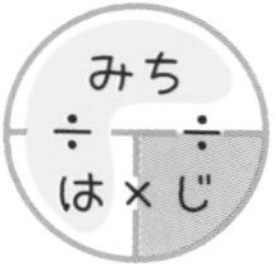

秒速《びょうそく》 ⇄（×60／÷60）分速《ふんそく》 ⇄（×60／÷60）時速の関係になっています。

例　時速72kmで飛ぶはとの分速

➡ 72（÷）60＝1.2（km）

分速1.2km

寝る前にもう一度

- ゴロ合わせ 速さの公式 みち（道）のはじ。
- 秒速→分速→時速は60倍。

★今夜おぼえること

約分《やくぶん》は，分母と分子の最大公約数が大かつやく！

例　$\frac{8}{12}$を約分 ➡ ❶12と8の最大公約数は4。

❷4で，12と8をわる。

分母と分子を同じ数でわっても，分数の大きさは変わらないよ。

$8 \div 4 = 2 \rightarrow 2$

$$\frac{8}{12} = \frac{2}{3}$$

$12 \div 4 = 3 \rightarrow 3$

通分《つうぶん》は，分母の最小公倍数が大かつやく！

例　$\frac{3}{4}$と$\frac{5}{6}$を通分 ➡ ❶4と6の最小公倍数は12。

❷12を分母とする分数になおす。

$$\frac{3}{4} = \frac{9}{12}\ (\times 3) \qquad \frac{5}{6} = \frac{10}{12}\ (\times 2)$$

分母を同じにすると，分子の数が大きいほうが大きい数だとわかるね。

★今夜のおさらい

★分母と分子をそれらの公約数でわって，分母の小さい分数にすることを，約分《やくぶん》するといいます。

このとき，分母と分子の最大公約数でわると，かんたんに約分できます。

例 32と24の最大公約数の8でわる。

$\frac{\overset{3}{\cancel{24}}}{\underset{4}{\cancel{32}}}=\frac{3}{4}$

約分するときはふつう，分母をできるだけ小さくするよ。

☾いくつかの分母のちがう分数を共通な分母の分数になおすことを通分《つうぶん》するといい，ふつう，分母の最小公倍数を共通な分母にします。

例 $\frac{1}{4}$と$\frac{3}{10}$を通分

分母の 4 と10の最小公倍数20を共通な分母とする分数になおす。

➡ $\frac{1}{4}=\frac{1\times 5}{4\times 5}=\frac{5}{20}$, $\frac{3}{10}=\frac{3\times 2}{10\times 2}=\frac{6}{20}$

$\frac{3}{10}\left(\frac{6}{20}\right)$のほうが$\frac{1}{4}\left(\frac{5}{20}\right)$より大きいね。

寝る前にもう一度

★約分は，分母と分子の最大公約数が大かつやく！

☾通分は，分母の最小公倍数が大かつやく！

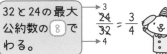

9. 分数の計算

□ 月 日
□ 月 日

★今夜おぼえること

分数のたし算とひき算 ▶通分すれば，分子どうしの計算でオッケー！

例

$$\frac{1}{6}+\frac{3}{8}=\frac{4}{24}+\frac{9}{24}=\frac{13}{24}$$

4＋9 ←分子どうしをたせばオッケー！

6と8の最小公倍数の24で通分

$$\frac{2}{3}-\frac{5}{9}=\frac{6}{9}-\frac{5}{9}=\frac{1}{9}$$

6－5 ←分子どうしをひけばオッケー！

3と9の最小公倍数の9で通分

分数と小数のまじった計算 ▶分数か小数にそろえれば，計算はバッチリ！

例 分数にそろえる

$$\frac{1}{4}+0.3=\frac{1}{4}+\frac{3}{10}$$

$$=\frac{5}{20}+\frac{6}{20}$$

$$=\frac{11}{20}$$ ←小数なら0.55

小数と分数は $0.1=\frac{1}{10}$，$0.01=\frac{1}{100}$ という関係だね。

★今夜のおさらい

分母のちがう分数のたし算，ひき算は，通分して，分子どうしを計算します。

例

$$\frac{4}{5}+\frac{2}{3}=\frac{12}{15}+\frac{10}{15}=\frac{22}{15}=1\frac{7}{15}$$

通分

← 帯分数にすると大きさがわかりやすい。

$$\frac{4}{3}-\frac{5}{6}=\frac{8}{6}-\frac{5}{6}=\frac{3}{6}=\frac{1}{2}$$

通分

$$\frac{\overset{1}{\cancel{3}}}{\underset{2}{\cancel{6}}}$$

← 約分できるときは，約分する。

分数と小数のまじった計算は，分数か小数にそろえて計算します。

例　分数にそろえる

$$0.7-\frac{2}{3}=\frac{7}{10}-\frac{2}{3}$$

$$=\frac{21}{30}-\frac{20}{30}$$

$$=\frac{1}{30}$$

$\frac{2}{3}$は，2÷3＝0.666…と小数で正確《せいかく》に表せない。小数にそろえられない計算もある。

例　小数にそろえる

$$\frac{4}{5}+0.4=0.8+0.4$$

$$=1.2$$

寝る前にもう一度

- 分数のたし算とひき算▶通分すれば，分子どうしの計算でオッケー！
- 分数と小数のまじった計算▶分数か小数にそろえれば，計算はバッチリ！

★今夜おぼえること

三角形の角3つ合わせて，

まず，いばれ（180°）

（1）（8）（0）

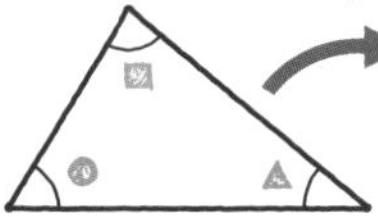

■＋●＋▲＝180°

例　■が80°，●が60°のとき，

80°＋60°＋▲＝180°だから，

▲は，180°－（80°＋60°）＝40°

四角形の角4つ合わせて，

何度か見ろぉ（360°）

（3）（6）（0）

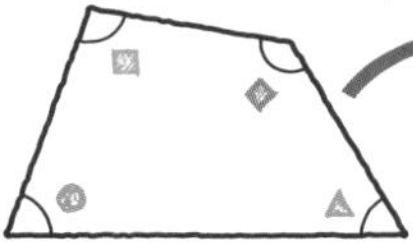

■＋●＋▲＋◆＝360°

例　■が100°，●が70°，▲が60°のとき，

100°＋70°＋60°＋◆＝360°だから，◆は，

360°－（100°＋70°＋60°）＝130°

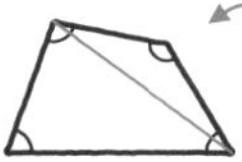

←三角形2つ分で180°×2＝360°になる。

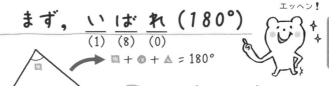

★今夜のおさらい

★三角形の**3つの角の大きさの和**は，180°です。

例　右の三角形で，(あ)の角度は，
180° −（45° + 70°）= 65°
(い)の角度は，
180° − 65° = 115°

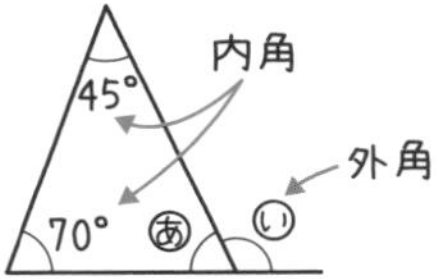

中学入試　三角形の外角《がいかく》（外側の角）は，それととなり合わない2つの内角《ないかく》（内側の角）の和に等しいという性質《せいしつ》を使うと，(い)の角度は，45° + 70° = 115°

☾四角形の**4つの角の大きさの和**は，360°です。

多角形《たかくけい》の角の大きさの和は，1つの頂点《ちょうてん》から対角線をひいてできる三角形の数から求めることができます。

例　五角形は，右の図のように3つの三角形に分けられるので，五角形の5つの角の大きさの和は，
180° × 3 = 540°

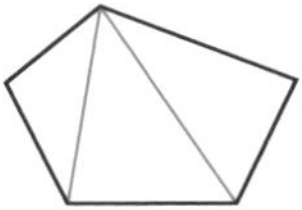

寝る前にもう一度

- ★三角形の角3つ合わせて，まず，いばれ（180°）
- ☾四角形の角4つ合わせて，何度か見ろぉ（360°）

★今夜おぼえること

平行四辺形の面積

=底辺《ていへん》×高さ

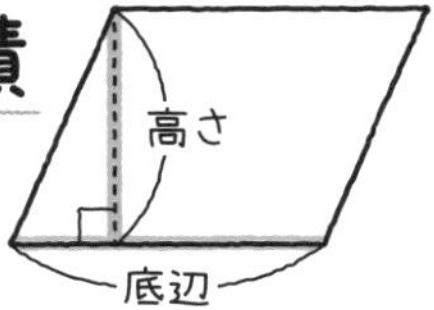

三角形の面積

=底辺×高さ÷2

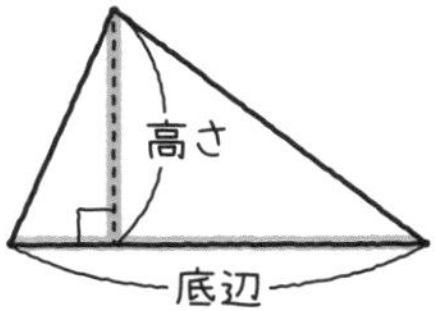

台形の面積=(上底《じょうてい》+下底《かてい》)

×高さ÷2

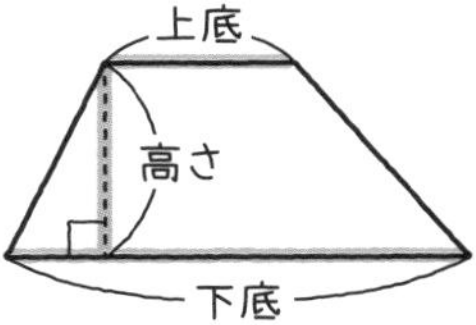

ひし形の面積

=対角線×対角線÷2

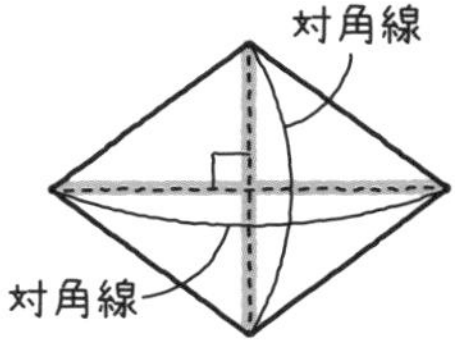

★今夜のおさらい

四角形や三角形では、底辺《ていへん》と高さ（底辺に垂直《すいちょく》にひいた直線の長さ）を使って面積を求めることができます。

また、ひし形では、2つの対角線を使って面積を求めることができます。

例　平行四辺形の面積

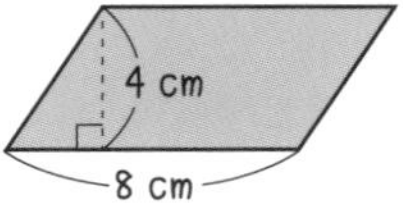

$\boxed{8}\times\boxed{4}=32\ (\mathrm{cm}^2)$

底辺　高さ

三角形の面積

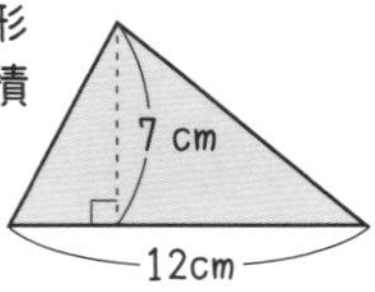

$12\times 7\div\boxed{2}=42\ (\mathrm{cm}^2)$

底辺　高さ

台形の面積

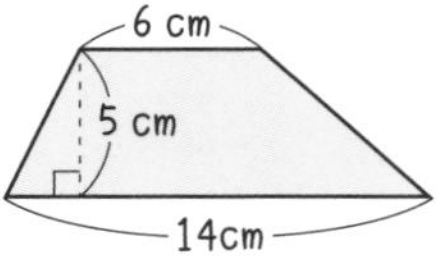

$(\boxed{6}+14)\times\boxed{5}\div 2=50\ (\mathrm{cm}^2)$

上底《じょうてい》　下底《かてい》　高さ

ひし形の面積

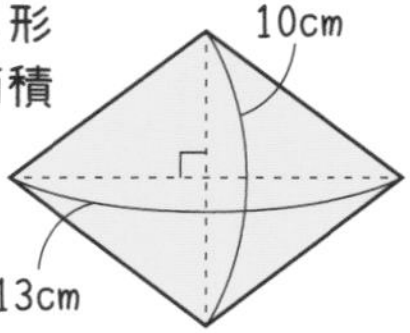

$10\times\boxed{13}\div 2=65\ (\mathrm{cm}^2)$

対角線　対角線

寝る前にもう一度

平行四辺形の面積＝底辺×高さ

三角形の面積＝底辺×高さ÷2

台形の面積＝(上底＋下底)×高さ÷2

ひし形の面積＝対角線×対角線÷2

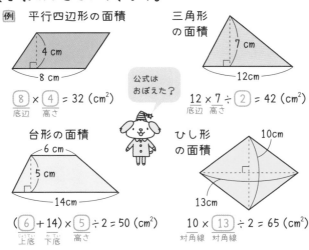

★今夜おぼえること

☆ 割合《わりあい》を表す小数を，100倍すれば百分率《ひゃくぶんりつ》。

例 3m は，5m の何倍で何%ですか。
（3m：比《くら》べられる量，5m：もとにする量，何倍：割合，何%：百分率）

➡ 割合＝比べられる量÷もとにする量

で求められるから，

3÷5＝0.6←小数で表した割合

百分率で表すと，0.6×100＝60（%）

割合を表す0.01が
1%になるんだよ。

☾ 比べられる量の求め方 ▶ 割合を小数にしてかけ算で。

例 80kg の20%は，何 kg ですか。
（80kg：もとにする量，20%：割合，何 kg：比べられる量）

➡20%を小数で表すと，

20÷100＝0.2

比べられる量＝もとにする量×割合

で求められるから，80×0.2＝16（kg）

百分率で表した割合を小数で表すには，100でわろう。

★今夜のおさらい

★比《くら》べられる量が，もとにする量のどれだけ（何倍）にあたるかを表した数を割合《わりあい》といいます。

割合＝比べられる量÷もとにする量

もとにする量を100とみたときの割合の表し方を**百分率《ひゃくぶんりつ》**といいます。割合を表す0.01は，百分率で，1％と表します。

例　定員50人のバスに60人乗っているときの，定員をもとにした乗客数の割合

➡60÷50＝1.2

1.2を百分率で表すと，

1.2×100＝120（％）

定員がもとにする量，乗客数が比べられる量だね。

☽**比べられる量＝もとにする量×割合**の式を使って，比べられる量を求めることができます。

例　定員50人のバスに，定員の70％の人が乗っているときの乗客数

➡70％を小数で表すと，70÷100＝0.7

乗客数は，50×0.7＝35（人）

寝る前にもう一度

★割合を表す小数を，100倍すれば百分率。

☽比べられる量の求め方▶割合を小数にしてかけ算で。

★今夜おぼえること

帯《おび》グラフは，全体を長方形で表し，割合《わりあい》を直線で区切る。

例　家にある自転車の台数（5年生全体）

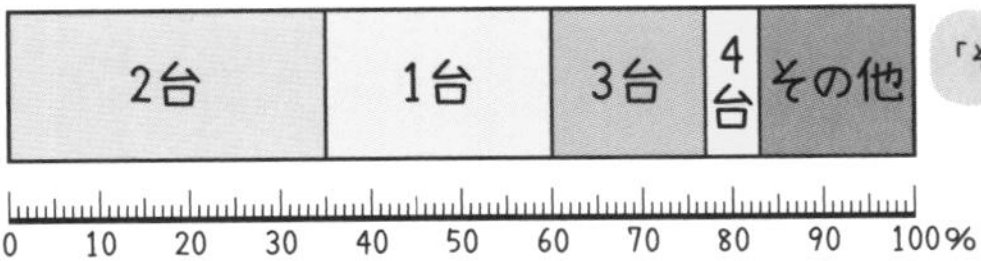

円《えん》グラフは，全体を円で表し，割合を半径で区切る。

例　好きなくだもの（5年生全体）

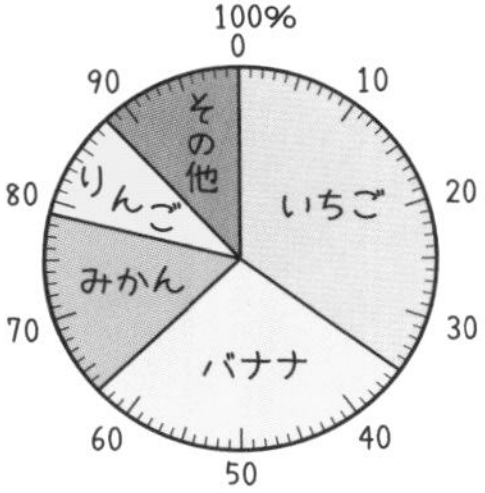

★今夜のおさらい

帯《おび》グラフは各部分の割合《わりあい》を百分率《ひゃくぶんりつ》で求め，左から大きい順に区切ります。

例　南《みなみ》小学校の学区内の人数

町名	青山町《あおやまちょう》	川上町《かわかみちょう》	本町《ほんちょう》	その他	合計
人数(人)	482	246	334	180	1242
割合(%)	39	20	27	14	100

※各部分の割合は，$\frac{1}{10}$の位で四捨五入《ししゃごにゅう》します。

南小学校の学区内の人数の割合

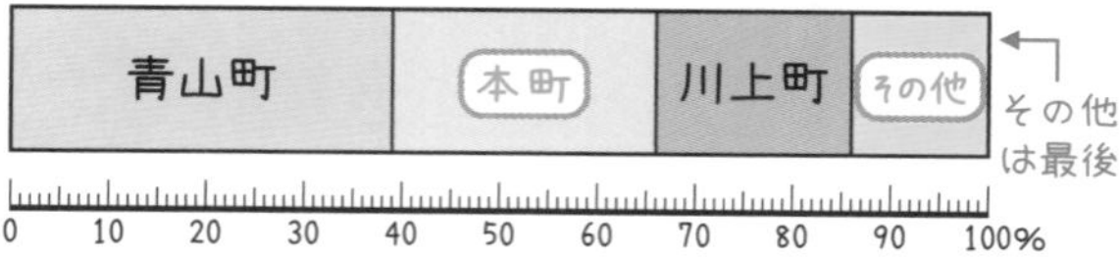

円《えん》グラフは各部分の割合を百分率で求め，真上から右まわりに，大きい順に区切ります。

例　学級文庫の種類

種類	数(さつ)	百分率(%)
物語	22	46
歴史《れきし》	6	13
科学	13	27
その他	7	14
合計	48	100

※一番大きい部分かその他の割合を変えて100%にします。

学級文庫の種類と割合

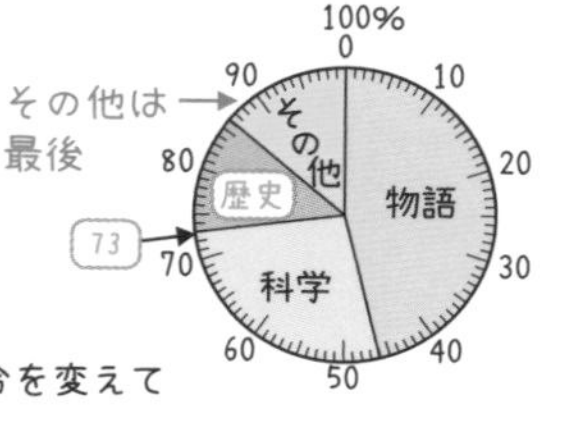

寝る前にもう一度

- 帯グラフは，全体を長方形で表し，割合を直線で区切る。
- 円グラフは，全体を円で表し，割合を半径で区切る。

★今夜おぼえること

円を使った正《せい》多《た》角形《かくけい》のかき方 ▶円の中心のまわりの角を等分しよう。

例 正八角形のかき方

❶円の中心のまわりの角を360°÷8＝45°ずつに区切って，半径をかこう。

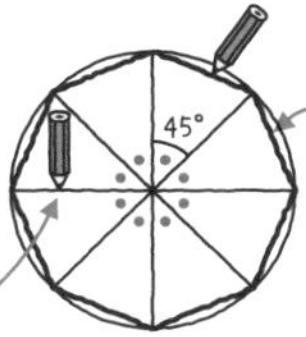

❷半径のはしの点を順に直線で結べば，正八角形の完成！

正五角形は，360°÷5＝72°ずつに，正六角形は，360°÷6＝60°ずつに区切ればいいね。

ゴロ合わせ 円周《えんしゅう》出すなら，

ちょくにかけてさあ，いいよ！

ちょく	かけて	さあ，	いい	よ！
(直径)	(×)	(3.)	(1)	(4)

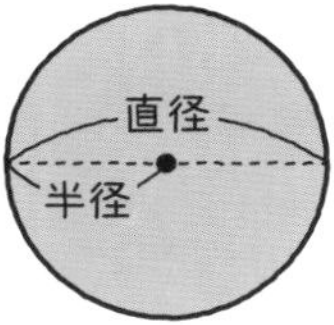

円周の長さを求める式

➡円周＝直径×円周率《えんしゅうりつ》

＝半径×2×円周率

円周率はふつう3.14を使うよ。

★今夜のおさらい

辺の長さがみんな等しく，角の大きさもみんな等しい多角形を**正多角形**《せいたかくけい》といいます。

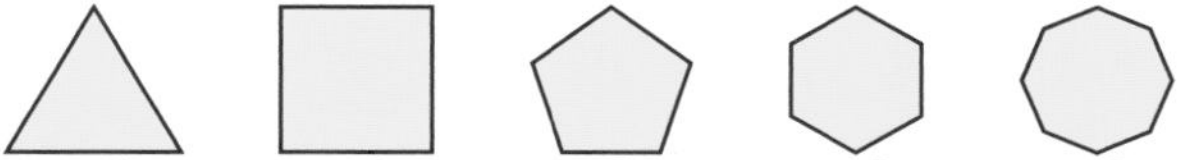

正三角形　正四角形（正方形）　正五角形　正六角形　正八角形

円の中心のまわりの角を**等分**する方法で，正多角形をかくことができます。

円まわりを**円周**《えんしゅう》といいます。

円周の長さが，**直径**の長さの何倍になっているかを表す数を**円周率**《えんしゅうりつ》といいます。円周率は，約**3.14**です。

円周の長さは，次の式で求められます。

円周＝直径×円周率

例　直径5cmの円の，円周の長さは，
5×3.14＝15.7（cm）

直径と半径を
まちがえない
ように注意！

寝る前にもう一度

- 円を使った正多角形のかき方▶円の中心のまわりの角を等分しよう。
- ゴロ合わせ 円周出すなら，ちょくにかけてさあ，いいよ！

15. 角柱と円柱

□ 月 日
□ 月 日

★今夜おぼえること

柱の形の立体は、底面《ていめん》の形でネーミング。

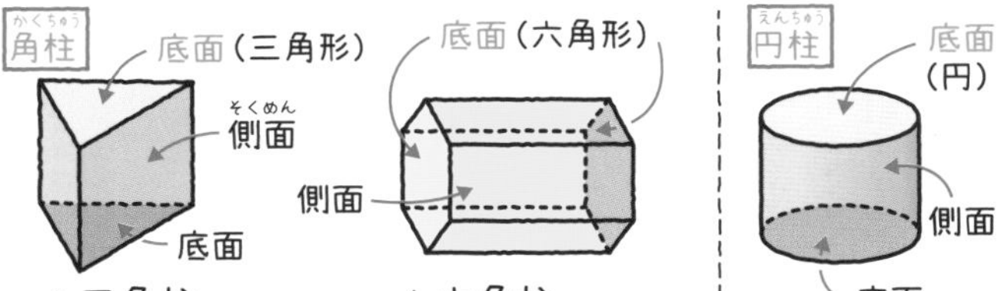

▲三角柱　▲六角柱

円柱を切り開くと、側面は長方形。

円柱を切り開くと ➡ 側面は長方形になった！

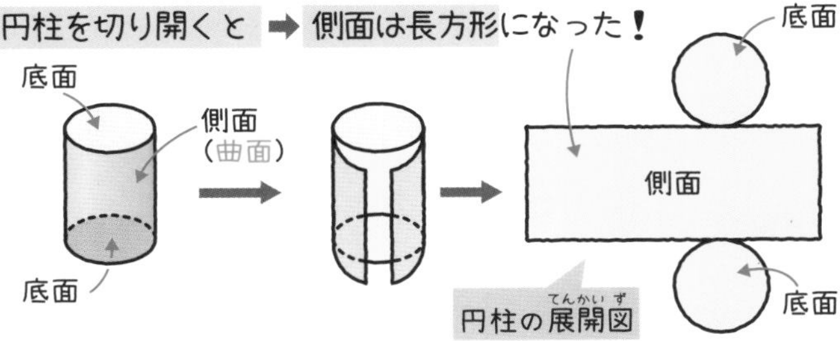

★今夜のおさらい

下の図のような形をした立体を，**角柱《かくちゅう》**，**円柱《えんちゅう》**といいます。

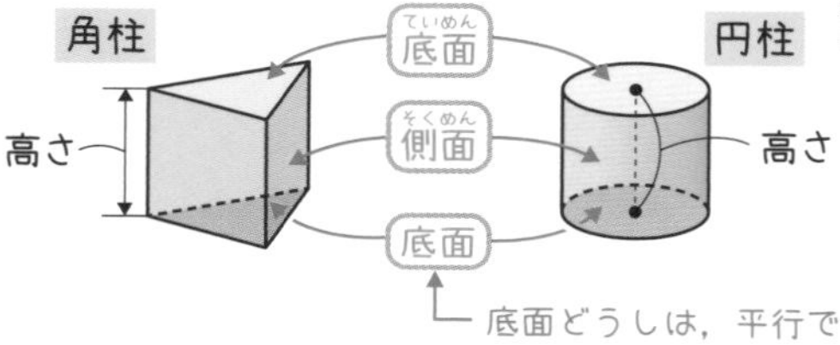
底面どうしは，平行で合同な関係

角柱は，底面の形によって，**三角柱，四角柱，五角柱，**…のようにいいます。

角柱や円柱の展開図《てんかいず》は，次のようになります。

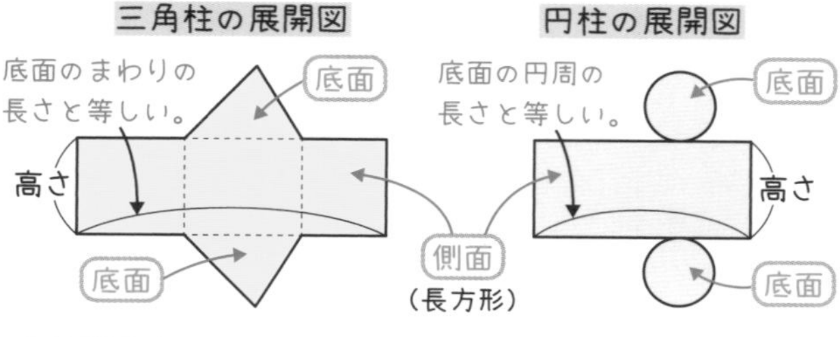

※切り開き方によって，いろいろな展開図がかけます。

寝る前にもう一度

- 柱の形の立体は，底面の形でネーミング。
- 円柱を切り開くと，側面は長方形。

□　月　日
□　月　日

★ 今夜おぼえること

晴れ・くもり，決めるのは雲の量。

晴れ
くもり
雨

空全体の広さを10として雲の量が
0 ～ 8 →晴れ
9 ～ 10→くもり
雨がふっていれば天気は雨です。

天気の変化は西から東へ。

西よーし
明日は
遠足よーし

西の天気がわかると，
天気が予想できるね。

★今夜のおさらい

雲にはいろいろなものがあり，高い空に現《あらわ》れるけん雲《うん》（すじ雲）やけん積雲《せきうん》（うろこ雲），雨をふらす らんそう雲 （雨雲《あまぐも》）や 積《せき》らん雲《うん》 （入道《にゅうどう》雲《ぐも》，かみなり雲）などがあります。

気象衛星《きしょうえいせい》の雲画像《くもがぞう》や アメダス の雨量情報《じょうほう》などから，雲はおおよそ 西から東 へ動き，雨のふっている地いきもおおよそ 西から東 へ変化することがわかります。天気は 西から東 へ変化していきます。

天気が西から東へ変化するのは，春や秋に多く見られるよ。

寝る前にもう一度

- 晴れ・くもり，決めるのは雲の量。
- 天気の変化は西から東へ。

★ 今夜おぼえること

台風は，強風と大量の雨，中心には目が1つ。

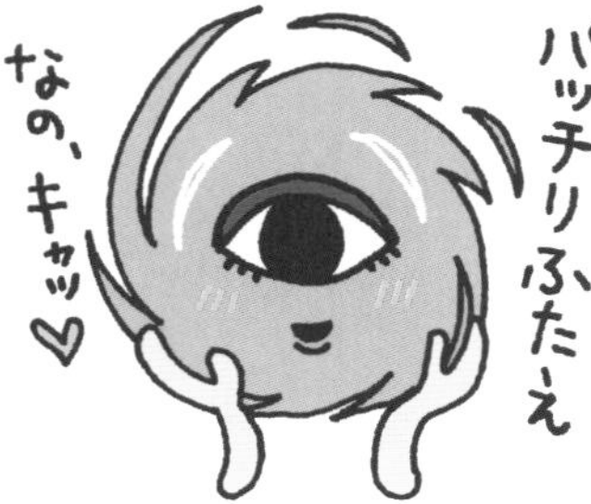

パッチリふたえ
なの、キャッ♡

台風は強風と大雨をともない，発達すると，中心に雲が少なく，風が弱い部分ができます。これが「台風の目」です。

よく来る台風8・9月。

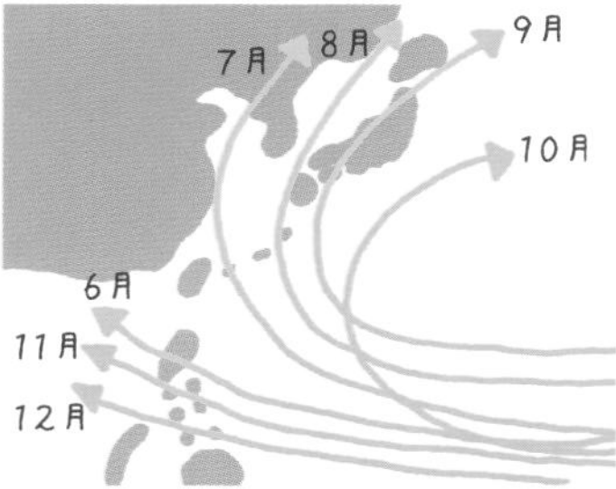

7月
8月
9月
10月
6月
11月
12月

▲月ごとの台風の進路

毎年，日本に近づくのは，夏から秋にかけてだね。

★今夜のおさらい

台風は南の海上で発生し，中心に向かって左回りにふきこむ強風と大量の雨をともないます。台風の動きによって強風と大雨のはんいが移動《いどう》して天気も変化します。

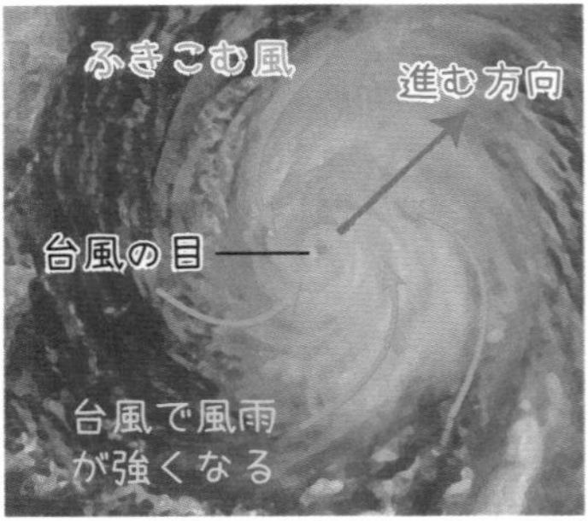
ふきこむ風
進む方向
台風の目
台風で風雨
が強くなる

台風のときは，天気の変化は，「西から東」へとはならないよ。

台風が近づき，大雨がふると，こう水《ずい》や土《ど》しゃくずれ，農作物へのひ害《がい》などがあります。一方，大量の雨によって水不足が解消《かいしょう》されるなどの利点もあります。

寝る前にもう一度

- 台風は，強風と大量の雨，中心には目が1つ。
- よく来る台風8・9月。

★今夜おぼえること

さあ発芽，水と空気と適《てき》した温度。

芽《め》が出る条件調べ，変える条件１つだけ。

たとえば，種子《しゅし》の発芽に水が必要かどうかを調べるには，水があるものと水がないものを用意し，その他の空気や温度などは同じ条件にして実験します。

★今夜のおさらい

種子《しゅし》は，次の①～③の条件《じょうけん》がそろったとき発芽《はつが》します。

① 水がある こと。

② 空気がある こと。

③ 発芽に 適《てき》した温度 であること。

発芽の条件を調べるとき，調べること以外の 条件は，同じ にして実験します。

発芽の条件	水が必要かを調べる		空気が必要かを調べる		温度が関係するかを調べる	
水	水をやる	水をやらない	水をやる		水をやる	
空気	空気にふれる		空気にふれる	空気にふれない	空気にふれる	
温度	同じ温度のところ（あたたかいところ）		同じ温度のところ（あたたかいところ）		あたたかいところ	寒いところ
発芽するか	発芽する	発芽しない	発芽する	発芽しない	発芽する	発芽しない

寝る前にもう一度

さあ発芽，水と空気と適した温度。

芽が出る条件調べ，変える条件１つだけ。

★今夜おぼえること

インゲンマメ，子葉《しよう》にでんぷん，青むらさき。

発芽・成長，子葉のでんぷん使用する。

子葉にふくまれているでんぷんは，発芽とその後の成長に必要な養分として使われます。

★今夜のおさらい

★インゲンマメの種子《しゅし》は，発芽《はつが》して根・くき・葉になる部分と子葉《しよう》からできています。子葉にはでんぷんがたくわえられています。

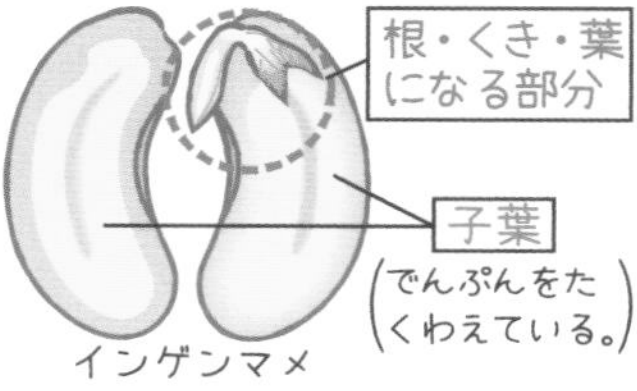

☾子葉の中のでんぷんは，発芽とその後の成長の養分として使われるため，子葉はしだいに小さくなってやがてかれます。

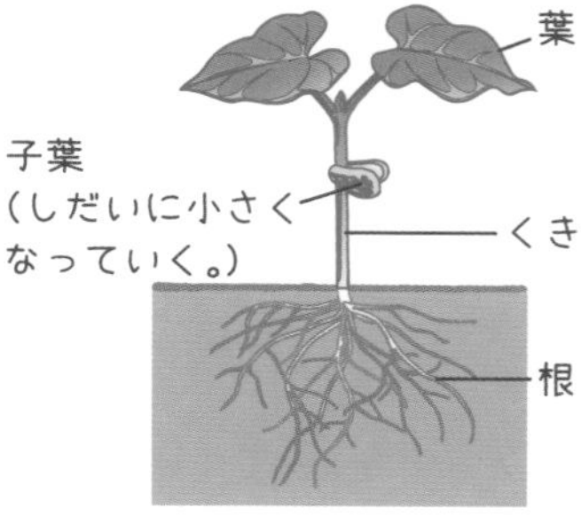

寝る前にもう一度

★インゲンマメ，子葉にでんぷん，青むらさき。

☾発芽・成長，子葉のでんぷん使用する。

★今夜おぼえること

日光当たり肥料《ひりょう》あり，葉っぱ多くて，くき太い。

水と空気と適《てき》した温度，日光，肥料でよく成長。

植物の成長には，発芽《はつが》に必要な水，空気，温度のほかに日光と肥料が必要です。

★今夜のおさらい

植物は，日光に当て，肥料《ひりょう》をあたえるとよく成長し，緑色の葉がしげり，くきも太くなります。

日光に当てたほうがよく成長する。

肥料をやったほうがよく成長する。

種子《しゅし》の発芽《はつが》では，種子にふくまれる養分が使われますが，そのあと成長するには，水，空気，適《てき》した温度のほかに，日光と，根からきゅうしゅうされる肥料が必要です。

寝る前にもう一度

- 日光当たり肥料あり，葉っぱ多くて，くき太い。
- 水と空気と適した温度，日光，肥料でよく成長。

6. メダカのふえ方

□　月　日
□　月　日

★今夜おぼえること

☆☆☆ ゴロ合わせ　おとうさん，せびろ切れ
（おすのメダカ）（せびれ）（切れこみ）

てる，しりが四角に。
（しりびれ）（平行四辺形）

イヤ〜ン
かあさんは
切れて
な〜い。

☾ 子メダカは，はらへこむまで，

えさ食べず。

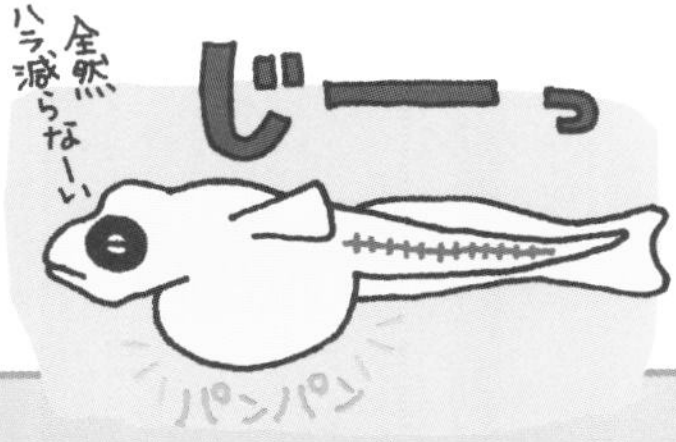

全然
ハラ減らな〜い
じーっ
パンパン

かえったばかりの子
メダカは，えさを食
べず，じっとして動
かないよ。

★今夜のおさらい

メダカのおすとめすは，せびれとしりびれの形で区別できます。

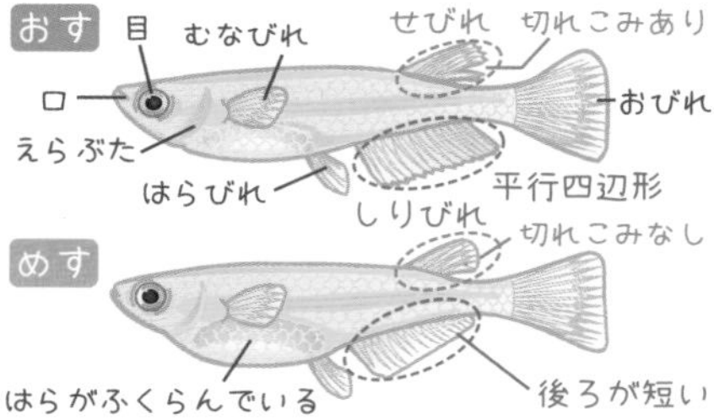

たまごと精子《せいし》が結びつくことを受精《じゅせい》といい，受精したたまご（受精卵《じゅせいらん》）は約11日め（水温25℃）に子メダカがふ化します。

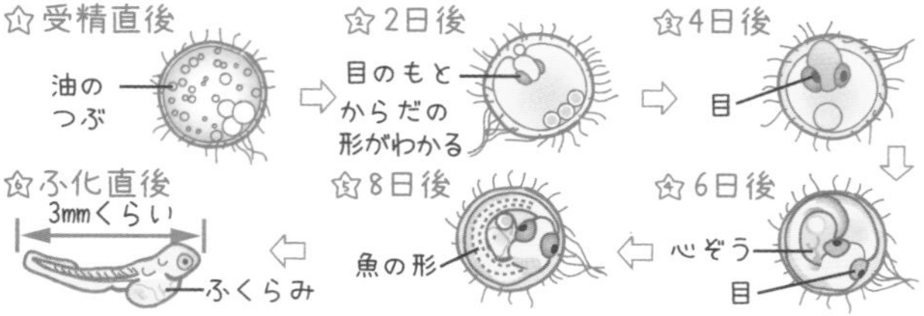

ふ化直後の子メダカは，はらのふくらみの中の養分を使って育ち，食べ物を食べません。

寝る前にもう一度

- おとうさん，せびろ切れてる，しりが四角に。
- 子メダカは，はらへこむまで，えさ食べず。

理科

★今夜おぼえること

アサガオは，おす・めすいっしょ。
（おしべ）（めしべ）

ヘチマはおす・めす別。
（おばな）（めばな）

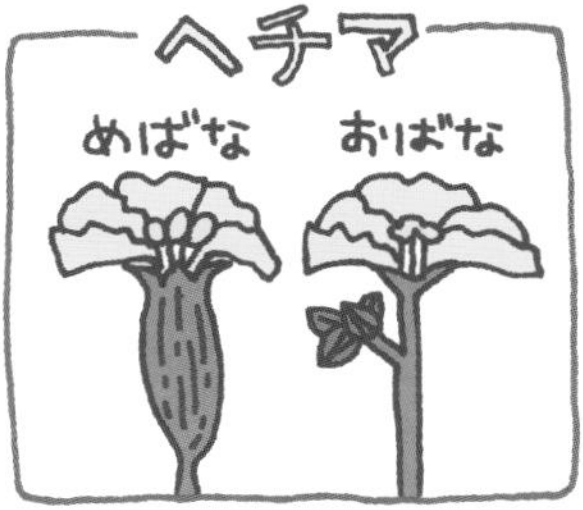

ゴロ合わせ **めしべに花粉《かふん》がつけば**

じゅうぶん。
（受粉《じゅふん》）

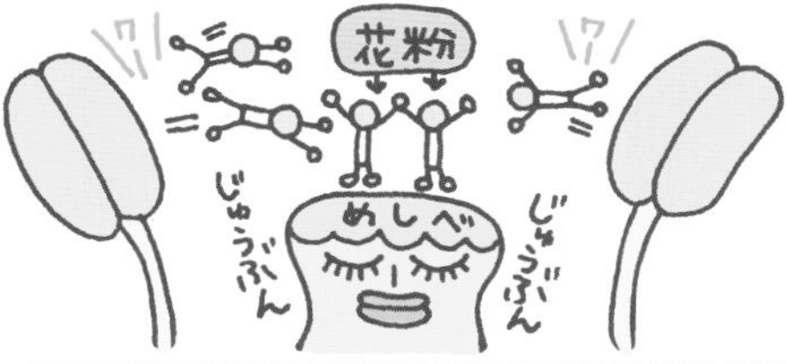

★今夜のおさらい

✪アサガオの花は外側から，がく・花びら・おしべがあり，中心にめしべがあります。ヘチマの花は，めしべだけがあるめばなとおしべだけがあるおばながあります。

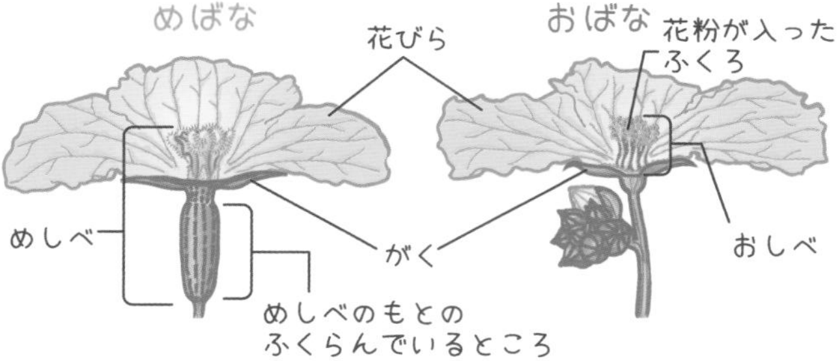

▲ヘチマのめばなとおばな

☽おしべの先にあるふくろの中に花粉《かふん》があり，ふくろがわれると花粉が出てきます。おしべの先から出た花粉がめしべの先につくことを受粉《じゅふん》といいます。

寝る前にもう一度

✪アサガオは，おす・めすいっしょ。ヘチマはおす・めす別。

☽めしべに花粉がつけばじゅうぶん。

8. 花粉《かふん》のはたらき

□　月　日
□　月　日

★今夜おぼえること

受粉《じゅふん》すれば実ができる。

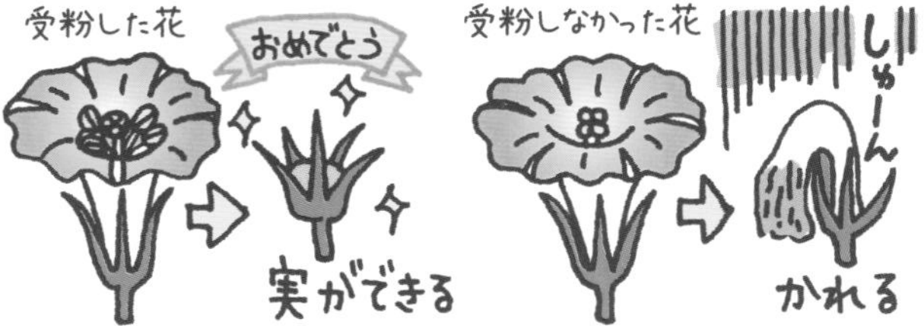

めしべのもとが実に育ち、実の中にたねができる。

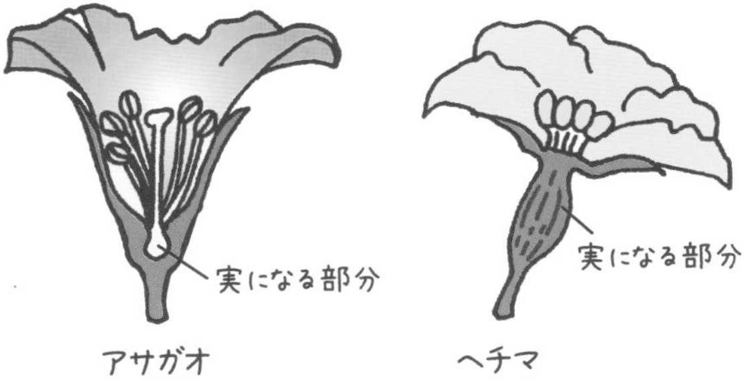

アサガオ　　ヘチマ

理科

★今夜のおさらい

●花のあとに実ができるためには，受粉《じゅふん》することが必要です。

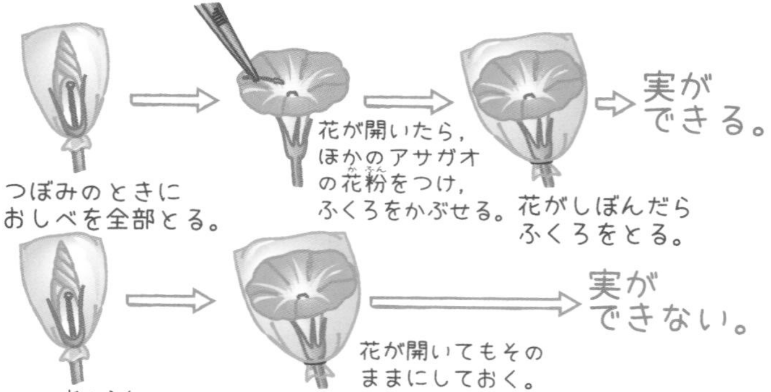

つぼみのときに
おしべを全部とる。
花が開いたら，
ほかのアサガオ
の花粉《かふん》をつけ，
ふくろをかぶせる。
花がしぼんだら
ふくろをとる。
実が
できる。
花が開いてもその
ままにしておく。
実が
できない。

●受粉《じゅふん》すると，めしべのもとのふくらんだ部分が実に育ち，実の中に種子《しゅし》ができます。

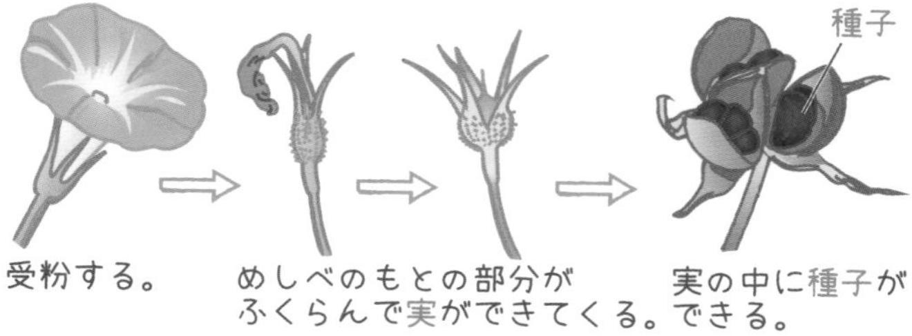

種子
受粉する。
めしべのもとの部分が
ふくらんで実ができてくる。
実の中に種子が
できる。

寝る前にもう一度

- 受粉すれば実ができる。
- めしべのもとが実に育ち，実の中にたねができる。

★今夜おぼえること

たい児《じ》が育つ，子《し》宮《きゅう》の中で38週。

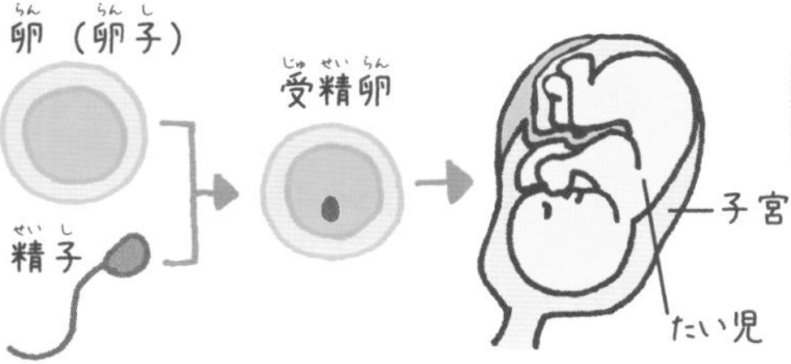

母親とたい児をつなぐ，へそのお・たいばん。

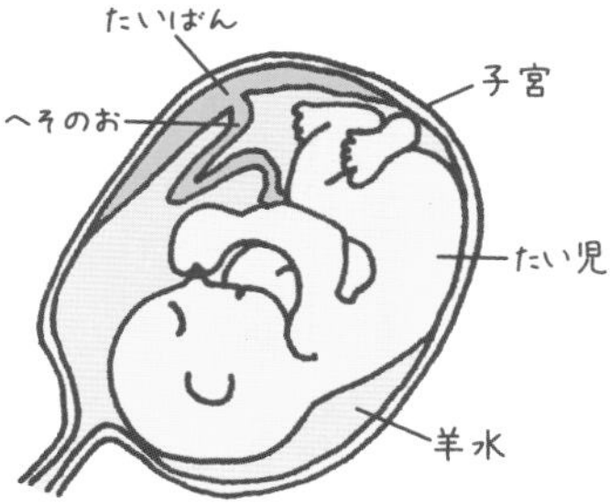

たい児は羊水《ようすい》の中にうかんだ状態《じょうたい》で育ち，からだを動かすことができます。

理科

★今夜のおさらい

人は，受精卵《じゅせいらん》が子宮《しきゅう》の中で約38週間（266日）かかって身長約50cm，体重約3000gのたい児《じ》に成長して生まれてきます。
受精後4週めに心ぞうが動き出し，約8週めに目や耳ができ，約16週めにからだの形がわかり，男女の区別ができます。
約24週めにからだを回転させてよく動くようになります。

子宮の中のたい児は，母親のたいばんからへそのおを通して養分などをとり入れて成長します。
いらなくなったものは，へそのおを通してたいばんに送られ，母親のからだから体外に出されます。

寝る前にもう一度

- たい児が育つ，子宮の中で38週。
- 母親とたい児をつなぐ，へそのお・たいばん。

10. 流れる水のはたらき

□　月　日
□　月　日

★今夜おぼえること

流れる水、けずって、運んで、積もらせる。

外側は流れ速くてけずられて、内側おそく土積もる。

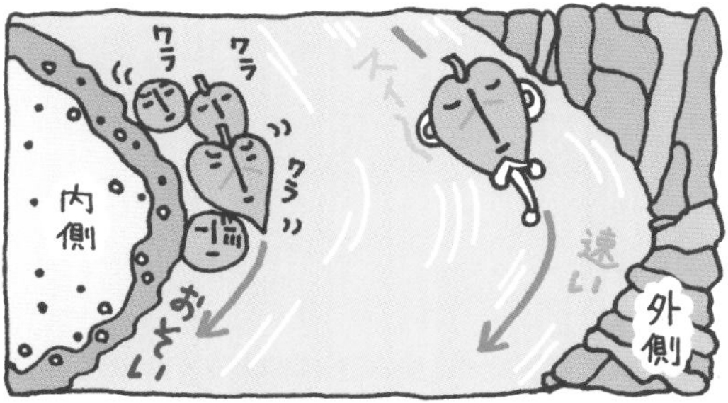

理科

★今夜のおさらい

流れる水には，次のはたらきがあります。

① 地面を けずる （しん食《しょく》）。

② けずった土や石を 運ぶ （運《うん》ぱん）。

③ 運ばれた土や石を 積もらせる （たい積《せき》）。

流れが速い・水の量が多いところ

→ けずる ・ 運ぶ はたらきが大きい。

流れがおそい・水の量が少ないところ

→ 積もらせる はたらきが大きい。

流れが曲がっているところでは， 外側は流れが速い ので土がけずられ， 内側は流れがおそい ので土が積もります。

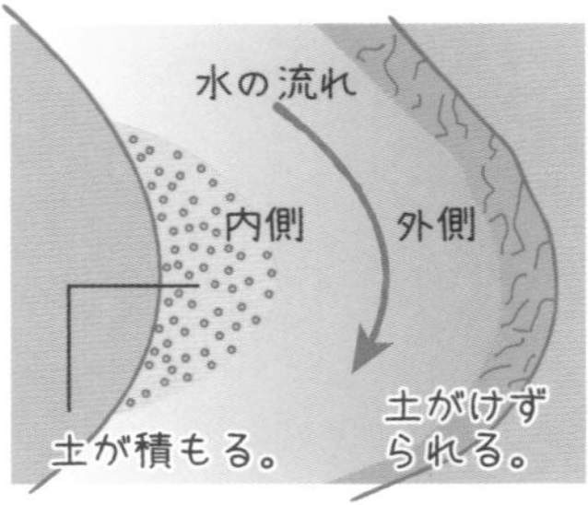

寝る前にもう一度

流れる水，けずって，運んで，積もらせる。

外側は流れ速くてけずられて，内側おそく土積もる。

11. 流れる水と変化する大地

□　月　日
□　月　日

★今夜おぼえること

しん食《しょく》大きく深い谷，たい積《せき》大きく河口《かこう》は平地。

曲がる川，内は川原で，外はがけ。

理科

★今夜のおさらい

川の上流（山の中を流れる川）は流れが速く，しん食《しょく》・運《うん》ぱんのはたらきが大きく，土地はけずられて，両岸はがけになり，V《ブイ》字谷のような深い谷が見られます。

川の下流（海の近くを流れる川）は流れがゆるやかでたい積《せき》するはたらきが大きく，土や石が積もります。河口《かこう》では三角州《さんかくす》などの平地が見られます。

川の上流の石は，大きく角《かど》ばっていますが，下流の石は，小さく丸みがあります。

平地を流れる川の曲がっているところでは，流れがおそい内側に川原ができ，流れの速い外側はがけ，川底が深くなります。

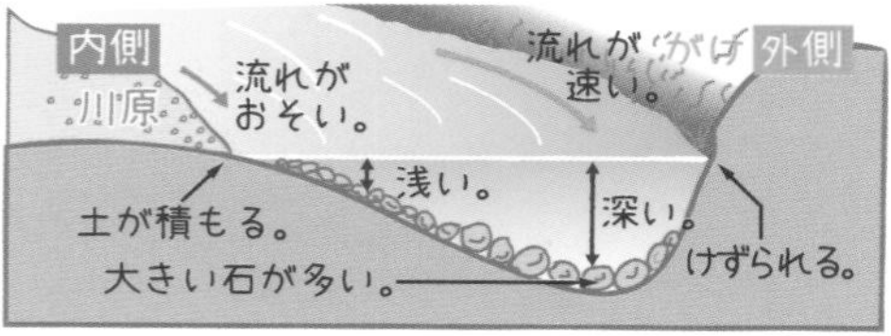

寝る前にもう一度

しん食大きく深い谷，たい積大きく河口は平地。

曲がる川，内は川原で，外はがけ。

□ 月 日
□ 月 日

★今夜おぼえること

水ふえて、川岸けずられ、こう水《ずい》起こる。

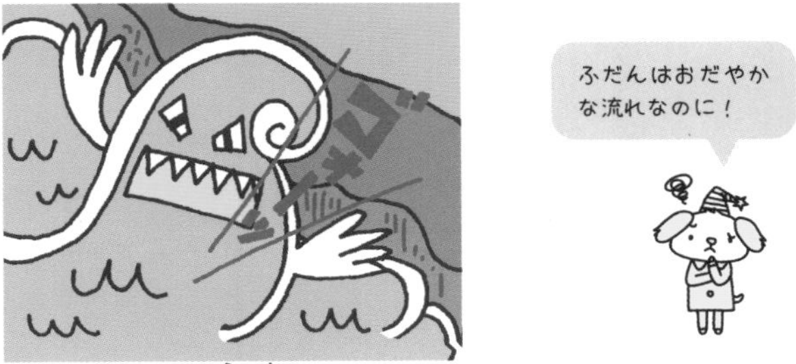
ふだんはおだやか
な流れなのに！

こう水防《ふせ》ぐ、ダムやていぼう、遊水地《ゆうすいち》。

とこまでだ。
ていぼう
これくらいの水
には負けない！

★今夜のおさらい

台風などで大量の雨がふると，川の水がふえて流れが速くなります。そのため，しん食《しょく》するはたらきや土や石を運《うん》ぱんするはたらきが大きくなって，川岸がけずられてこう水《ずい》になることがあります。

こう水を防《ふせ》ぐために，ていぼう，さぼうダム，遊《ゆう》水《すい》地《ち》や地《ち》下《か》調《ちょう》節《せつ》池《ち》などがつくられています。ていぼうは川岸がけずられたり，水があふれたりするのを防ぎます。さぼうダムはすなや石が一度に運ばれるのを防ぎます。遊水地や地下調節池は，川の水がふえたとき，一時的に水をためておくための工《く》夫《ふう》です。

▲さぼうダム

寝る前にもう一度

水ふえて，川岸けずられ，こう水起こる。

こう水防ぐ，ダムやていぼう，遊水地。

13. 水《すい》よう液《えき》の性質《せいしつ》と重さ

□　月　日
□　月　日

★今夜おぼえること

ものとけて、見えなくなって、とうめいだ。

ものが水にとけたとうめいな液を水よう液といいます。

ものとけて、すがた消えても重さは消えず。

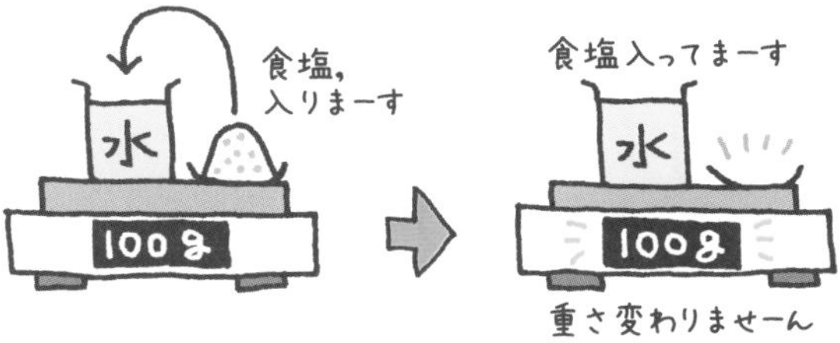

水の重さ＋とかしたものの重さ＝水よう液の重さ

★今夜のおさらい

水に入れたものが見えなくなり，全体に広がることを 水にとける といい，その液《えき》を 水《すい》よう液《えき》 といい，次の特ちょうがあります。

①色があってもなくても とうめい 。

②とけたものは水の中で全体に均一《きんいつ》に広がっている。

③とけたものは水と 分かれない 。

（温度が変わらない，水がじょう発しないとき）

ものが水にとけて見えなくなっても，**ものの重さは消えません**。水よう液の重さは 水の重さ と とかしたものの重さ の 和 となります。

食塩を水にとかす。

食塩の水よう液の重さ
100g+20g＝120g

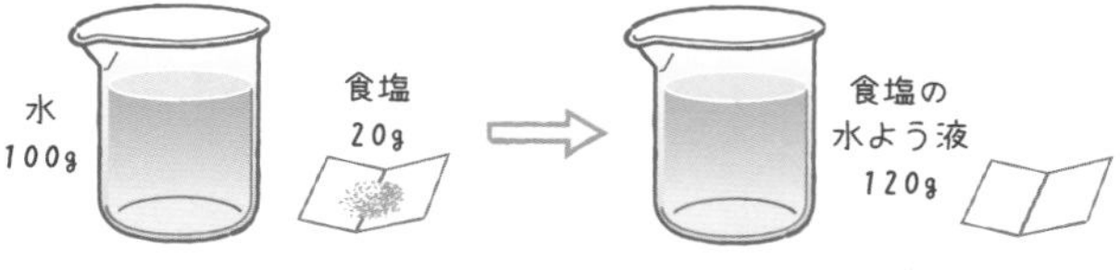

寝る前にもう一度

ものとけて，見えなくなって，とうめいだ。

ものとけて，すがた消えても重さは消えず。

★今夜おぼえること

限界《げんかい》だ。もうとけないよ。水《すい》よう液《えき》。

決まった量の水にとけるものの量には，限《かぎ》りがあります。

ゴロ合わせ ばん・さんは，高級おでんに大きなとうふ。

ばん（ミョウバン）・さん（ホウ酸）は，高（高い）おでん（温度で）に大き（多く）なと（とける）うふ。

ミョウバンやホウ酸《さん》は，水の温度が高いほどとける量がふえていきます。

理科

★今夜のおさらい

決まった量の 水にとけるものの量 は限《かぎ》りがあり，ものの**種類によって決まっています**。

決まった体積の水をはかりとるには，メスシリンダー を使います。

★水50mLをはかりとるとき

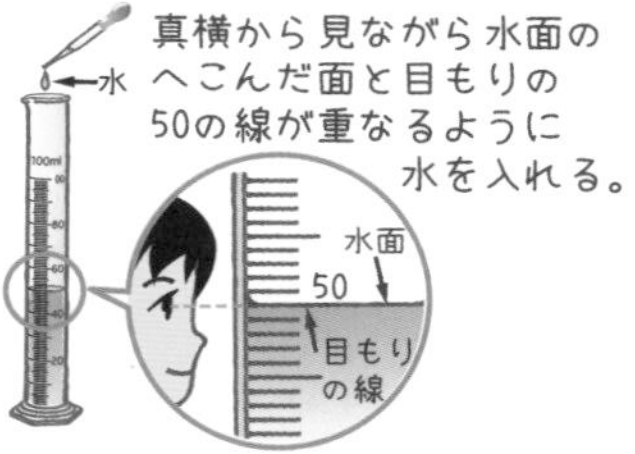

決まった量の水にとけるものの量は，水の**温度**によってちがいます。

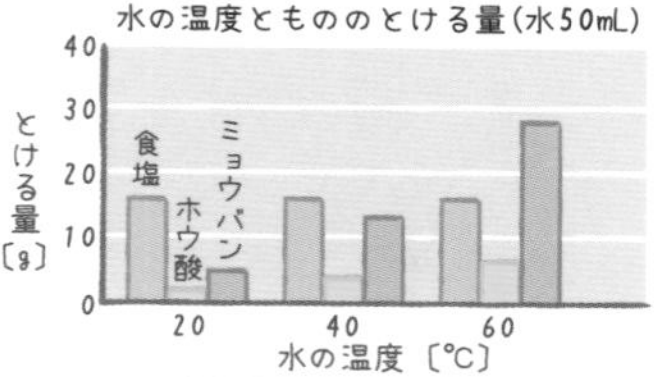

ホウ酸《さん》 と ミョウバン は水の温度が高いほど とける量は多く なりますが， 食塩 のとける量はほとんど変化しません。

寝る前にもう一度

限界《げんかい》だ。もうとけないよ，水《すい》よう液《えき》。

ばん・さんは，高級おでんに大きなとうふ。

★今夜おぼえること

とかしたもの，冷やしたり，じょう発させると現《あらわ》れる。

ろうととビーカー　ぴたっと仲よく。

ろ紙を使って，液《えき》と液にとけていない固体をこし分けることをろ過《か》といいます。

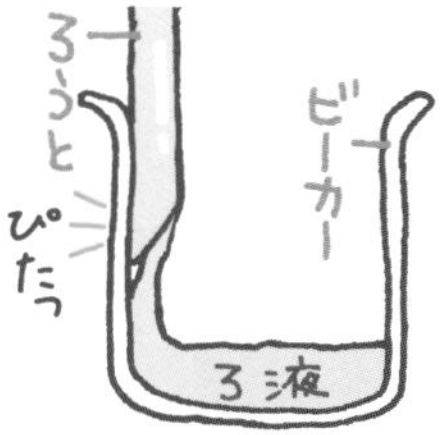

★今夜のおさらい

★ホウ酸《さん》やミョウバンは，温度が低いほどとける量が少ないので，温度を下げると，とけきれないもののつぶが出てきます。ただし，食塩のとける量は温度によってほとんど変化しないので，水《すい》よう液《えき》を冷やしてもつぶはほとんど出てきません。食塩の水よう液は，加熱などして水をじょう発させると，とけていた食塩をすべてとり出すことができます。

☾ろ過《か》する液は必ずガラスぼうを伝わらせて注ぎます。ろうとの先の長いほうをビーカーの内側につけます。

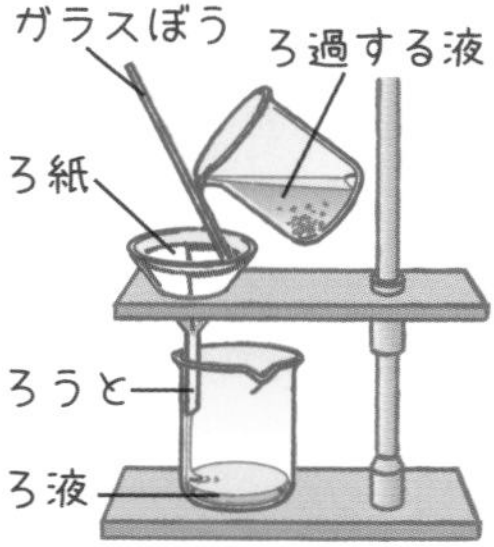

▲ろ過のしかた

寝る前にもう一度

★とかしたもの，冷やしたり，じょう発させると現《あらわ》れる。

☾ろうととビーカーぴたっと仲よく。

★今夜おぼえること

電流が流れたときだけ、
鉄引きつける。

ダ
電流を流したら，
クリップがいっぱい
飛んできた!!

N《エヌ》とS《エス》、入れかえるには、
電流逆《ぎゃく》に。

NかSかハッキリしてよベイビー
困っちゃうワダーリン
電池の
向きを
かえると
極もかわっ
ちゃうの
S
N
N
S
S
N

★今夜のおさらい

電磁石《でんじしゃく》は**コイル**の中に**鉄しん**を入れたもので，コイルに**電流が流れたとき**だけ鉄しんが**磁石**になり，鉄を引きつけます。

電磁石の両はしには**N《エヌ》極**と**S《エス》極**があり，コイルに流れる**電流の向きを反対にする**と，N極とS極は入れかわります。

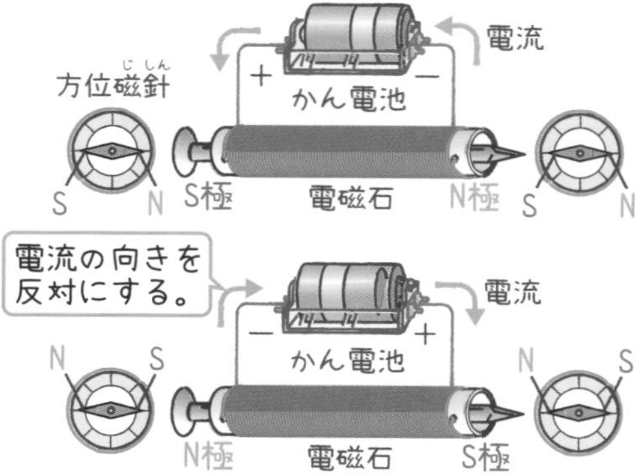

寝る前にもう一度

- 電流が流れたときだけ，鉄引きつける。
- NとS，入れかえるには，電流逆《ぎゃく》に。

17. 電磁石《でんじしゃく》の強さ

□　　月　　日
□　　月　　日

★今夜おぼえること

電磁石，強くするには，電流大きく，まき数多く。

スイッチオン・オフで，鉄がついたりはなれたり。

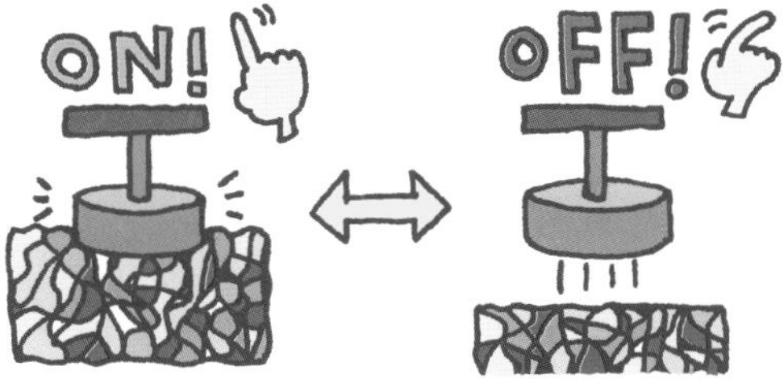

理科

★今夜のおさらい

電磁石《でんじしゃく》のコイルのまき数が同じとき，電流が大きいほど，電磁石は強くなります。

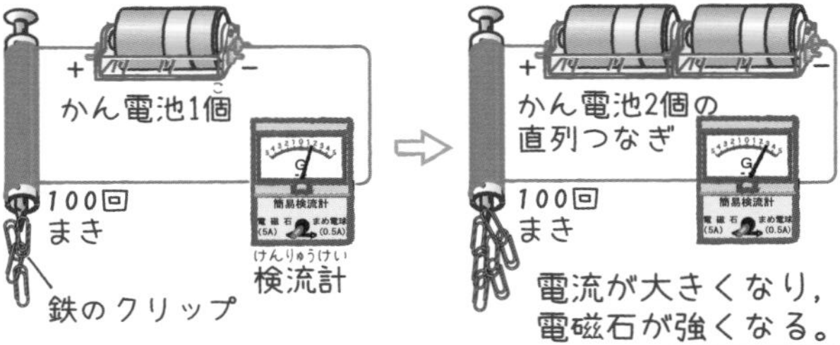

電流の大きさが同じとき，コイルのまき数が多いほど，電磁石は強くなります。

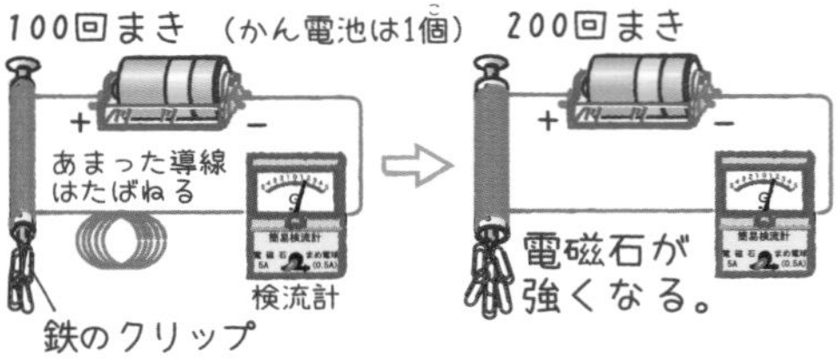

電磁石は，鉄を持ち上げるクレーンやモーターなどに利用されています。

寝る前にもう一度

- 電磁石，強くするには，電流大きく，まき数多く。
- スイッチオン・オフで，鉄がついたりはなれたり。

18. ふりこの決まり

□ 月 日
□ 月 日

★今夜おぼえること

支点《してん》からおもりの中心，ふりこの長さ。

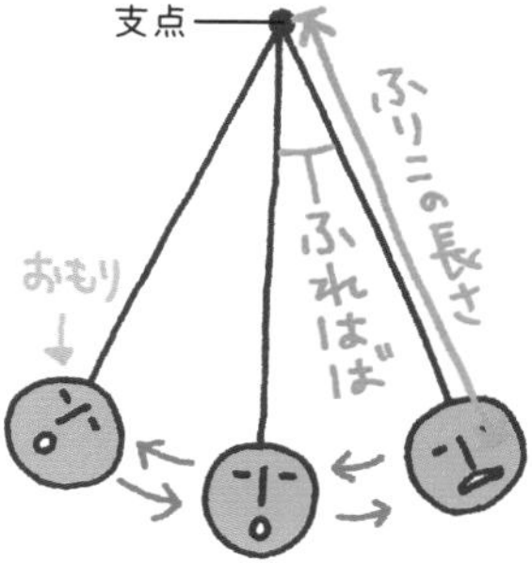

ふりこは，糸などのはしにおもりをつけ，一方のはしを支点として左右にふれるようにしたものだよ。

ふれはばは，角度で表わすよ

1往復《おうふく》の時間を決めるふりこの長さ。

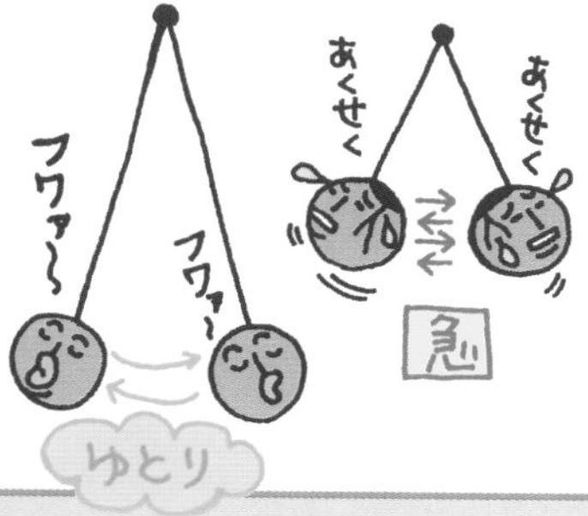

ふりこの長さが長いほど，ふりこの1往復する時間は長くなります。

理科

★今夜のおさらい

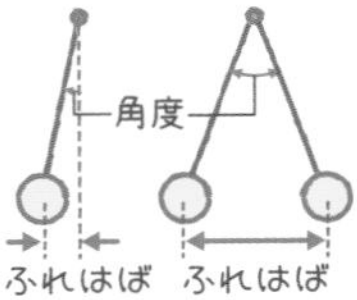

☆ ふりこの長さは支点《してん》からおもりの中心までで，糸の長さではありません。ふれはばは角度だけではなく，右のようにゆれるはば（長さ）で表すこともあります。

☾ ふりこの1往復《おうふく》する時間は，ふりこの長さによって変わり，おもりの重さやふれはばによって変化しません。ふりこの長さが長いほど，1往《おう》復《ふく》する時間は長くなります。
ふりこの1往復する時間を求めるには，10往復する時間を3～5回はかり，その平均《へいきん》の時間を求めて，10往復する平均《へいきん》の時間÷10 より，1往復する平均の時間を求めます。

平均の時間を求めるのは，実際《じっさい》にかかった時間と測定《そくてい》した時間の差（誤差《ごさ》）を小さくするためだよ。

寝る前にもう一度

☆ 支点からおもりの中心，ふりこの長さ。

☾ 1往復の時間を決めるふりこの長さ。

★今夜おぼえること

⁂六大陸のうち，最大はユーラシア大陸。三大洋は，太平洋《たいへいよう》・大西洋《たいせいよう》・インド洋。

六大陸のうち，最小はオーストラリア大陸，三大洋のうち，最大は太平洋だよ。

☽緯《い》度《ど》は南北90度ずつ，経《けい》度《ど》は東西180度ずつ。

緯度は赤《せき》道《どう》を0度，経度は本初《ほんしょ》子《し》午《ご》線《せん》を0度とするよ。

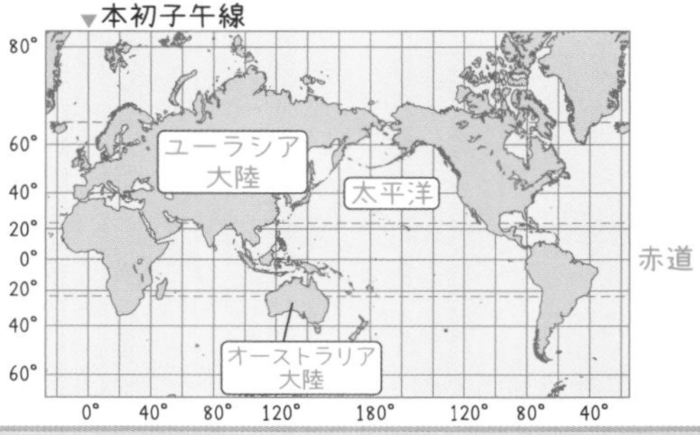

★今夜のおさらい

六大陸は**ユーラシア大陸**・アフリカ大陸・北アメリカ大陸・南アメリカ大陸・オーストラリア大陸・南極《なんきょく》大陸です。三大洋は**太平洋《たいへいよう》**・**大西洋《たいせいよう》**・**インド洋**です。

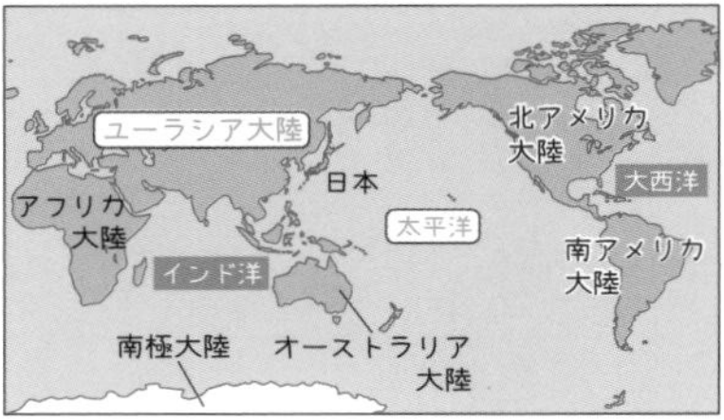

▲六大陸と三大洋

地球上の位置は**緯度《いど》**と**経度《けいど》**によって表せます。同じ緯度の地点を結んだ線を**緯線《いせん》**，同じ経度の地点を結んだ線を**経線《けいせん》**といいます。

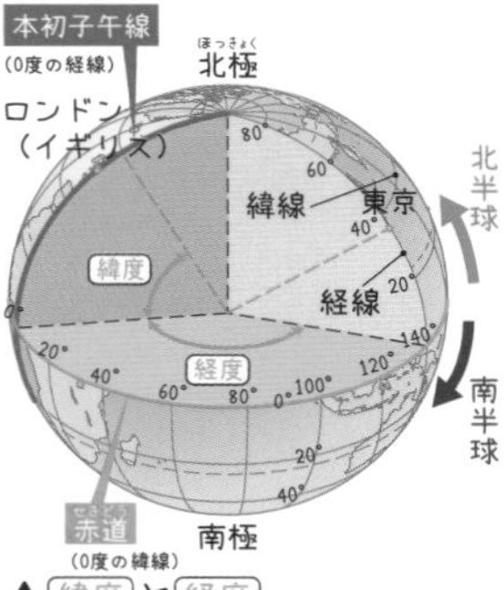

▲緯度と経度

寝る前にもう一度

- 六大陸のうち，最大はユーラシア大陸。三大洋は，太平洋・大西洋・インド洋。
- 緯度は南北90度ずつ，経度は東西180度ずつ。

2. 日本の国土

□　月　日
□　月　日

★今夜おぼえること

日本は，北海道，本州《ほんしゅう》，四《し》国《こく》，九州《きゅうしゅう》と，その他の島々。

日本は海に囲《かこ》まれた島国で，北海道，本州，四国，九州の四つの大きな島と，6800以上の小さな島々からなるよ。

ゴロ合わせ 北方領土《ほっぽうりょうど》は，えーと，しこ くな わけある まい。

（択捉島）（色丹島）（国後島）（歯舞群島）

北方領土は北海道の北東にあり，択捉島《えとろふとう》，国《くな》後島《しりとう》，色丹島《しこたんとう》，歯舞群島《はぼまいぐんとう》からなるんだ。

★今夜のおさらい

日本はユーラシア大陸の東にある島国で，北海道，本州《ほんしゅう》，四国《しこく》，九州《きゅうしゅう》の四つの大きな島と，その他6800以上の小さな島々からなります。

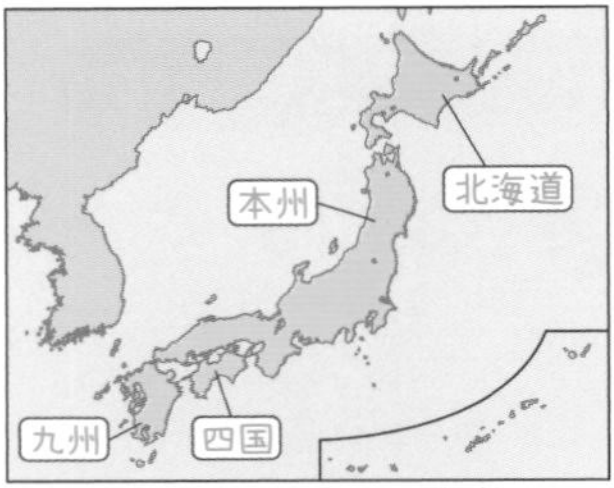

▲日本の四つの大きな島

北海道の北東にある択捉島《えとろふとう》，国後島《くなしりとう》，色丹島《しこたんとう》，歯舞群島《はぼまいぐんとう》をまとめて北方領土《ほっぽうりょうど》と呼《よ》びます。日本固有の領土ですが，ロシア連邦《れんぽう》が不法に占領《せんりょう》しているため，日本は返《へん》かんを求め続けています。

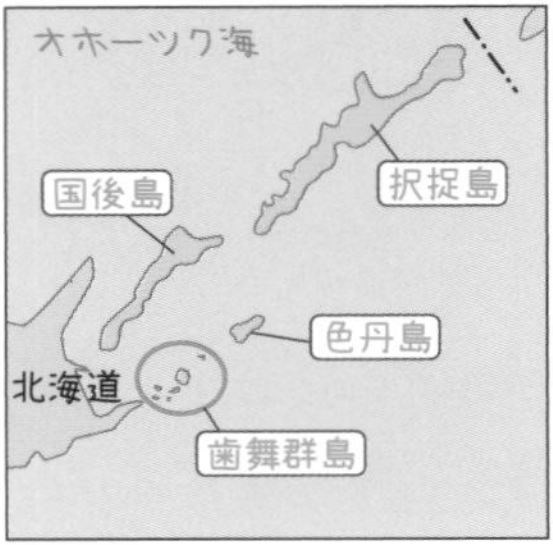

▲北方領土

※日本海《にほんかい》にある島根県の竹島《たけしま》も日本固有の領土ですが，韓国《かんこく》が不法に占領しています。
東シナ海にある沖縄県の尖閣諸島《せんかくしょとう》は，日本が有効《ゆうこう》に支配《しはい》する固有の領土です。

寝る前にもう一度

- 日本は，北海道，本州，四国，九州と，その他の島々。
- 北方領土は，えーと（択捉島），しこ（色丹島） くな（国後島） わけある まい（歯舞群島）。

★今夜おぼえること

日本は山地が多い。川は短く，流れが急。

日本は山地が多く，平地が少ない地形をしているよ。なんと国土の約4分の3が山地なんだ。

日本一高い富士山《ふじさん》，日本一長い信濃川《しなのがわ》，日本一広い琵《び》琶《わ》湖《こ》。

富士山の高さは3776m，信濃川の長さは367km，琵琶湖の面積は669km^{2}だよ。

社会

★今夜のおさらい

日本は国土の**約4分の3**が山地で，**火山**が多い国です。また，日本の川は世界の川と比《くら》べて，長さが短く，流れが急という特色があります。

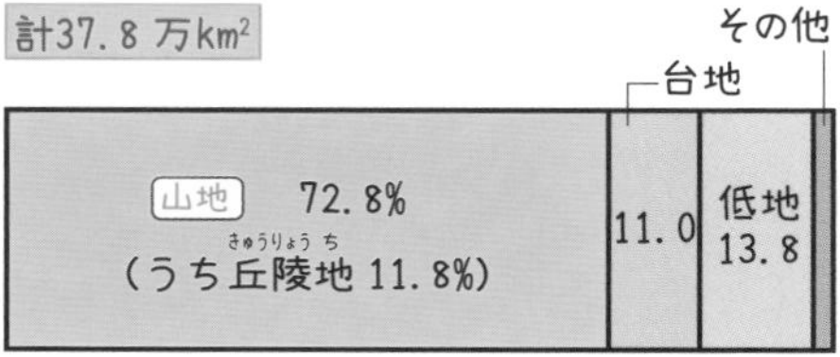

（2016年）（2019/20年版「日本国勢図会」）

▲日本の地形別面積の割合《わりあい》

日本一高い山は山梨県と静岡県の境《さかい》にある富士山《ふじさん》，日本一長い川は長野県と新潟県を流れる信濃川《しなのがわ》，日本一広い湖は滋賀県にある琵琶湖《びわこ》です。

1位	信濃川	367km
2位	利根《とね》川	322km
3位	石狩《いしかり》川	268km

（「理科年表」）

▲日本の長い川ベスト3

寝る前にもう一度

- 日本は山地が多い。川は短く，流れが急。
- 日本一高い富士山，日本一長い信濃川，日本一広い琵琶湖。

★今夜おぼえること

6月から7月に梅雨《つゆ》，夏から秋にかけて台風《たいふう》。

台風は，最大風速が毎秒17.2m以上の熱帯低気圧《ねったいていきあつ》(暖《あたた》かい空気のかたまり)だよ。

太平洋《たいへいよう》側は夏に雨，日本海《にほんかい》側は冬に雪。

それぞれ夏に太平洋からふく南東の季節風《きせつふう》，冬に大陸からふく北西の季節風が影響《えいきょう》しているんだよ。

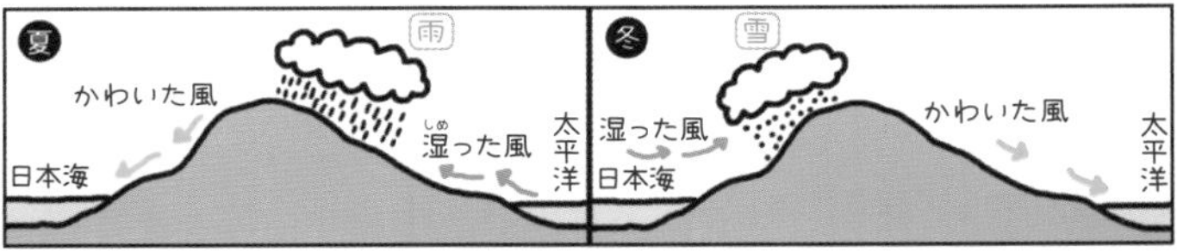

★今夜のおさらい

日本では6月から7月に雨の日が続く**梅雨**《つゆ》《ばいう》がみられます。夏から秋にかけては，**台風**《たいふう》が接近《せっきん》し，**こう水**《ずい》などの被害《ひがい》が出ることがあります。

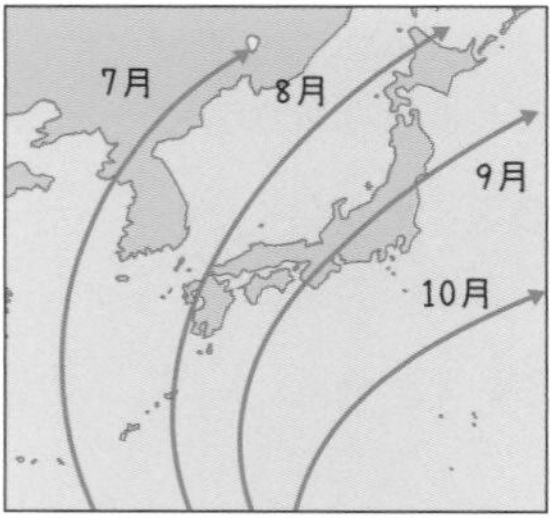

▲月別の台風の主な進路

太平洋側《たいへいようがわ》の地域《ちいき》では，夏，**南東の季節風**の影響《えいきょう》で**雨**が多くなります。いっぽう，日本海側《にほんかいがわ》の地域では，冬，**北西の季節風**の影響で**雪**が多くなります。

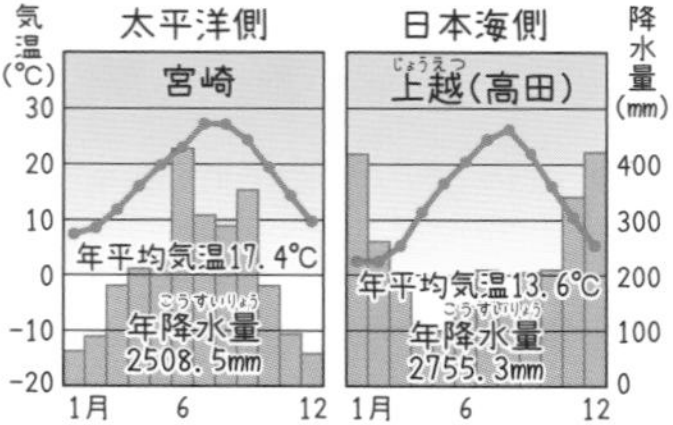

▲太平洋側と日本海側の都市の気温と降水量《こうすいりょう》（気象庁ホームページ）

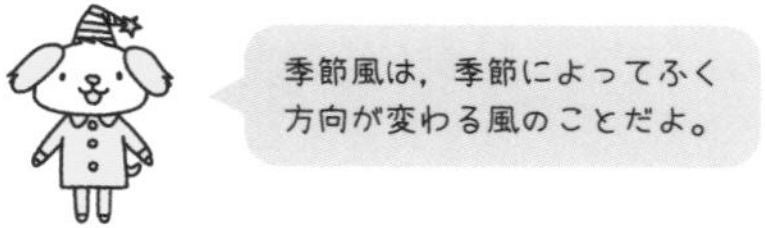

寝る前にもう一度

- 6月から7月に梅雨，夏から秋にかけて台風。
- 太平洋側は夏に雨，日本海側は冬に雪。

★今夜おぼえること

沖縄県でさとうきびやパイナップル，北海道でじゃがいもやてんさい。

ほかにも，沖縄県ではきく，北海道では小麦などの栽培《さいばい》がさかんだよ。

低地は，堤防《ていぼう》や排水機場《はいすいきじょう》をつくって水害対策《すいがいたいさく》。高地では，高原野菜を栽培。

高地では，夏のすずしい気候を生かして，キャベツやはくさい，レタスなどの高原野菜を栽培しているよ。

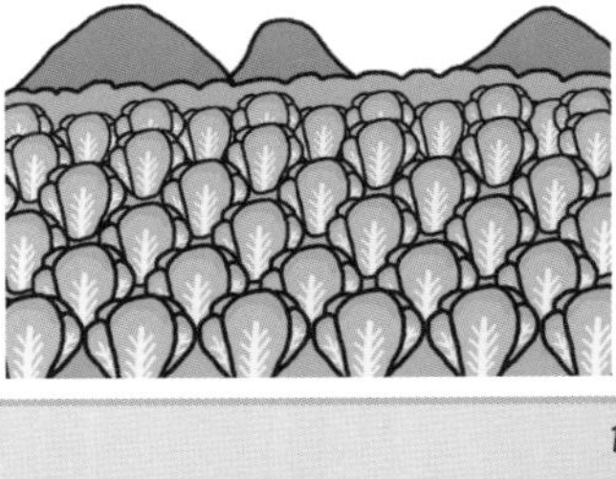

★今夜のおさらい

🌟沖縄県では暖《あたた》かい気候にあったさとうきびやパイナップル，北海道ではすずしい気候にあったじゃがいもやてんさいの栽培《さいばい》がさかんです。

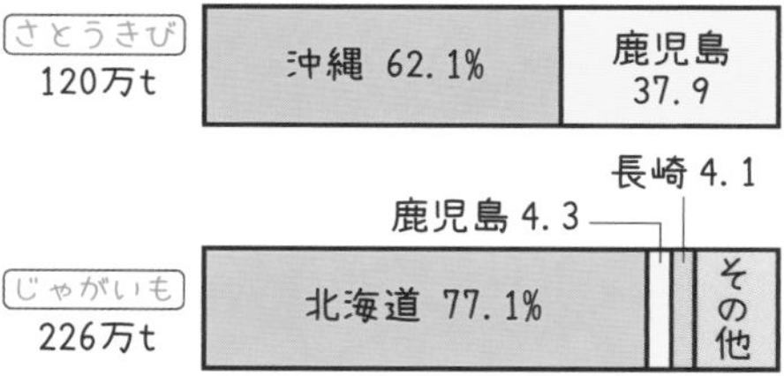

(2018年)(2020年版「県勢」)

▲さとうきびとじゃがいもの生産量の都道府県別割合《わりあい》

🌙低地ではこう水《ずい》などの水害対策《すいがいたいさく》として，堤防《ていぼう》や大型の排水機場《はいすいきじょう》をつくっています。長野県や群馬県などの高地では，高原野菜の栽培がさかんです。

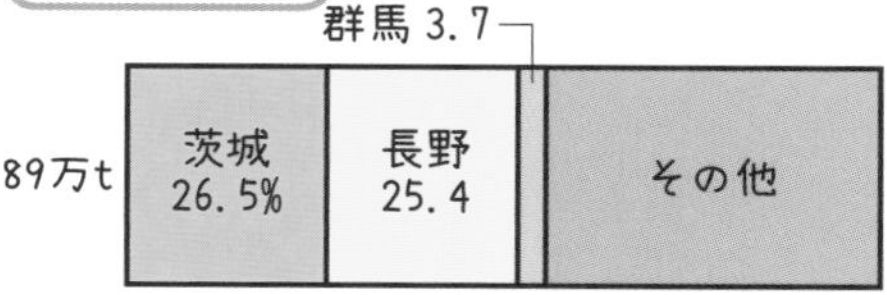

(2018年)(2020年版「県勢」)

▲はくさいの生産量の都道府県別割合

寝る前にもう一度

🌟沖縄県でさとうきびやパイナップル，北海道でじゃがいもやてんさい。

🌙低地は，堤防や排水機場で水害対策。高地では，高原野菜を栽培。

6. 米づくりがさかんな地域

□ 月 日
□ 月 日

★ 今夜おぼえること

米づくりがさかんな東北《とうほく》・北《ほく》陸《りく》・北海道地方。

東北地方と北陸地方は，「日本の米ぐら」と呼《よ》ばれるんだ。

北陸地方は，中部《ちゅうぶ》地方の新潟県，富山県，石川県，福井県のことだよ。

田おこし・代《しろ》かきはトラクター，稲《いね》かり・だっこくはコンバイン。

田植えのときには，田植え機が使われるよ。

トラクター

コンバイン

★今夜のおさらい

(星) 東北《とうほく》地方や北陸《ほくりく》地方，北海道地方で，とくに米づくりがさかんです。米づくりには大量の水が必要なので，大きな川が流れる越後《えちご》平野（新潟県）や庄内《しょうない》平野（山形県）などでたくさんの米がとれます。

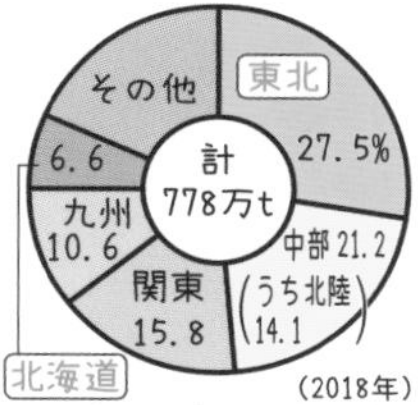

（2018年）
（2019/20年版「日本国勢図会」）
▲米の生産量の地方別割合《わりあい》

(月) 米づくりでは，田おこしや代《しろ》かきでトラクター，稲《いね》かりやだっこくでコンバインが使われます。機械化が進んだことで，作業時間が減りました。

種もみを用意 → 田おこし → 代かき → 田植え → 農薬をまく → 稲かり

▲米づくりの流れ（主なもの）

寝る前にもう一度

- (星) 米づくりがさかんな東北・北陸・北海道地方。
- (月) 田おこし・代かきはトラクター，稲かり・だっこくはコンバイン。

7. 畑作・畜産がさかんな地域

□ 月 日
□ 月 日

★ 今夜おぼえること

早づくりが促成栽培《そくせいさいばい》，おそづくりが抑制《よくせい》栽培。

促成栽培は高知平野（高知県）や宮崎平野（宮崎県），抑制栽培は嬬恋《つまごい》村（群馬県）などでさかんだよ。

暖《あたた》かい土地でみかん，すずしい土地でりんご。畜産《ちくさん》は広い牧草地などで。

畜産は牛やぶたなどを飼育《しいく》して，肉や乳《ちち》などを生産する農業だよ。

★今夜のおさらい

🌟 促成栽培《そくせいさいばい》はほかの地域《ちいき》よりも早い時期に農作物を栽培する方法です。抑制《よくせい》栽培はほかの地域よりもおそい時期に農作物を栽培する方法です。

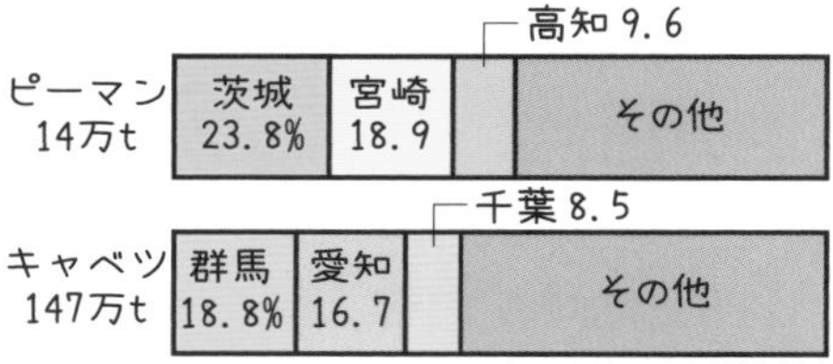

(2018年)(2020年版「県勢」)

▲ピーマンとキャベツの生産量の都道府県別割合《わりあい》

🌙 みかんは和歌山県などの暖《あたた》かい土地，りんごは青森県などのすずしい土地で栽培がさかんです。畜産《ちくさん》は，広い牧草地などで行われています。

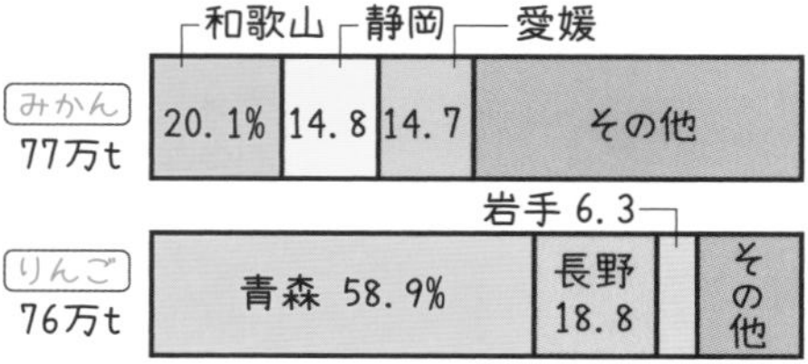

(2018年)(2020年版「県勢」)

▲みかんとりんごの生産量の都道府県別割合

寝る前にもう一度

- 🌟 早づくりが促成栽培，おそづくりが抑制栽培。
- 🌙 暖かい土地でみかん，すずしい土地でりんご。畜産は広い牧草地などで。

★今夜おぼえること

ゴロ合わせ 魚をとるのは、沿岸《えんがん》でも沖合でも ええんよう。

(とる漁業《ぎょぎょう》) (沿岸漁業) (沖合漁業) (遠洋漁業)

自然で育った魚や貝などをとる沿岸漁業，沖合漁業，遠洋漁業をまとめて「とる漁業」と呼《よ》ぶよ。

つくり育てる漁業は，放流する栽培《さいばい》漁業と放流しない養殖《ようしょく》。

人の手で育てる期間をへて，魚や貝などをとる養殖や栽培漁業をまとめて「つくり育てる漁業」(育てる漁業)と呼ぶよ。

社会

★今夜のおさらい

海岸やその近くで行う沿岸《えんがん》漁業，日本近海で行う沖合漁業，遠くの海で長期間行う遠洋漁業をまとめて「とる漁業」と呼《よ》びます。

1977年ごろの各国の*200海《かい》里《り》水域《すいいき》の設定《せってい》や，魚のとりすぎなどで，「とる漁業」の漁かく量は減《へ》っています。*排他的経済《はいたてきけいざい》水域ともいいます。

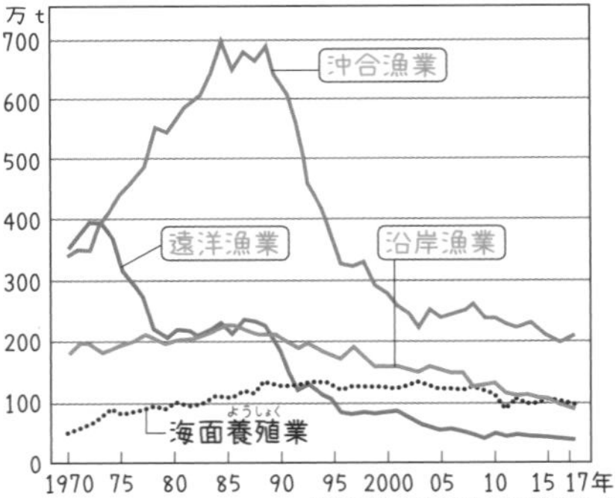

(2019/20 年版「日本国勢図会」)

▲漁業種類別漁かく量の変化

「つくり育てる漁業」は，放流せずにしせつの中で魚や貝などを大きくなるまで育てる養殖《ようしょく》と，一定期間育てたあとに稚魚《ちぎょ》などを放流し，川や海で成長させてからとる栽培《さいばい》漁業があります。

寝る前にもう一度

- 魚をとる《（とる漁業）》のは，沿岸《（沿岸漁業）》でも沖合《（沖合漁業）》でも　ええんよう《（遠洋漁業）》。
- つくり育てる漁業は，放流する栽培漁業と放流しない養殖。

★ 今夜おぼえること

食料自《じ》給《きゅう》率《りつ》が高い米・野菜，とくに低い小麦・大《だい》豆《ず》。

食料自給率が低い農産物は，外国からたくさん輸《ゆ》入《にゅう》しています。

米と野菜は
ほぼ足りてるけど…
小麦と大豆，
日本に売るよ！

地《ち》域《いき》で生産して，地域で消《しょう》費《ひ》する地産地消。

つくった人の顔や名前がわかるから，安心して安全な食べ物を食べることができるんだ。

A町
A町で○○さんがつくった農作物
A町で消費
○○さん

★今夜のおさらい

国内で消費《しょうひ》される食料のうち，国内生産でまかなえる食料の割合《わりあい》を食料自給率《じきゅうりつ》といいます。日本で食料自給率が高いのは米や野菜，とくに低いのは小麦や大豆《だいず》です。食料自給率が低い農産物は，外国からたくさん輸入《ゆにゅう》しています。

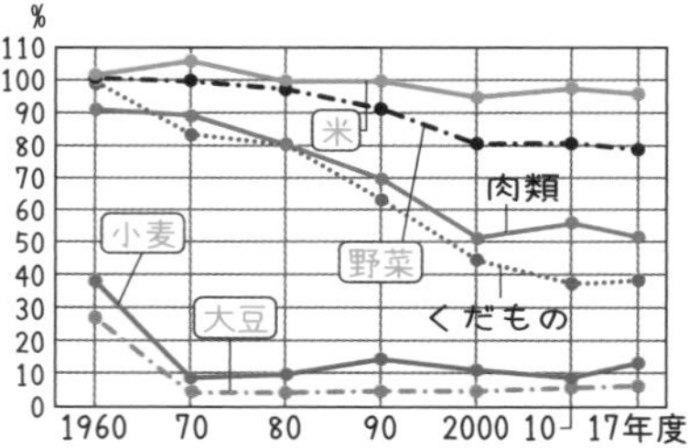

(2019/20年版「日本国勢図会」ほか)

▲日本の食料自給率の変化

地域《ちいき》で生産された農産物などを，その地域で消費することを地産地消といいます。輸送《ゆそう》にかかる費用を減《へ》らしたり，地元の産業をもりたてたりする効果《こうか》があります。

寝る前にもう一度

- 食料自給率が高い米・野菜，とくに低い小麦・大豆。
- 地域で生産して，地域で消費する地産地消。

10. 自動車をつくる工業

□ 月 日
□ 月 日

★今夜おぼえること

ゴロ合わせ 自動車は ぷ《(プレス)》 よっ《(ようせつ)》 と《(とそう)》 組み立て，検《けん》査《さ》して出荷。

自動車づくりは「プレス→ようせつ→とそう→組み立て→検査→出荷」の順で作業するよ。

ぷよっ
変な音してない？

関連工場はジャスト・イン・タイム方式で部品を届《とど》ける。

ジャスト・イン・タイム方式とは，関連工場が自動車工場へ，必要な量の部品を決められた時間に届けるしくみだよ。

時間ぴったり。ありがとう！
ハンドルお届けにあがりましたー。

★今夜のおさらい

自動車づくりは，プレス→ようせつ→とそう→組み立て→検査《けんさ》→出荷《しゅっか》の順《じゅん》で作業が進められます。ようせつやとそうなどの作業では，ロボットが活やくしています。効率《こうりつ》よく，大量に生産するために，一定の速さで進むラインの上で人やロボットが分担《ぶんたん》して作業を行います（流れ作業）。

自動車工場からの注文を受けて，ハンドルやシートなどの部品をつくっている工場を関連工場といいます。関連工場は，ジャスト・イン・タイム方式で自動車工場に部品を届《とど》けます。

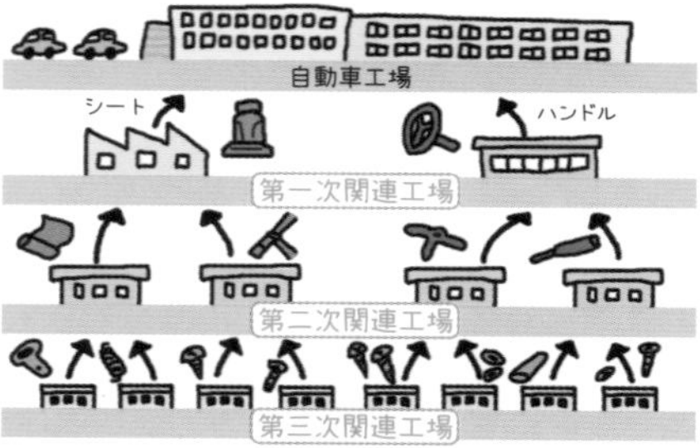

▲自動車工場と関連工場の連けい

寝る前にもう一度

自動車はぷ《(プレス)》 よ《(ようせつ)》 っ と《(とそう)》 組み立て，検査して出荷。

関連工場はジャスト・イン・タイム方式で部品を届ける。

★今夜おぼえること

太平洋《たいへいよう》ベルトに工業地帯・工業地域《ちいき》が集中。

太平洋ベルトは，関《かん》東《とう》地方南部から九州《きゅうしゅう》地方北部にかけて広がる，工業がさかんな地域だよ。人口も多いんだ。

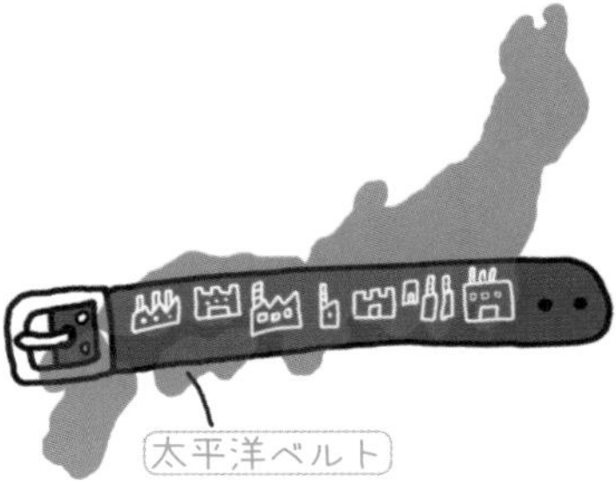

高速道路沿いや空港の近くにIC《アイシー》工場がいっぱい。

ICは超《ちょう》小《こ》型《がた》の電子回路だよ。パソコンなどのさまざまな電子製《せい》品《ひん》に使われ，「産業の米」と呼《よ》ばれるんだ。

★今夜のおさらい

✪ 太平洋《たいへいよう》ベルト には工業地帯・工業地域《ちいき》が集中しています。多くの地域は海に面していて，原材料や燃料《ねんりょう》の輸入《ゆにゅう》や，完成した工業製品《せいひん》の輸出《ゆしゅつ》に便利です。

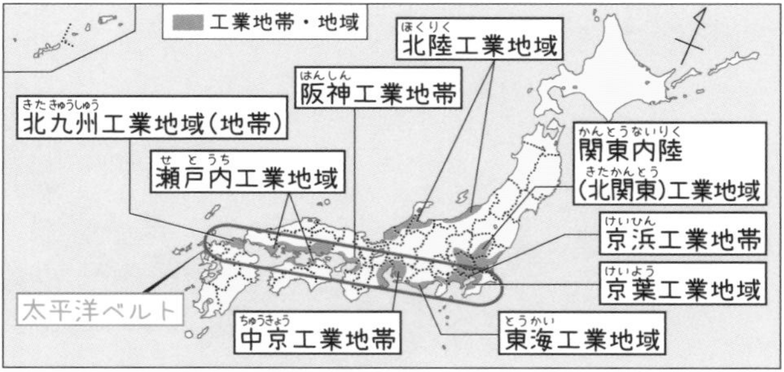

▲日本の主な工業地帯・地域

◐ IC《アイシー》工場 は，高速道路沿《ぞ》いや空港の近くに多くみられ，内陸部にも広がっています。これは IC が小さくて一度にたくさん運べるうえに高《こう》価《か》なので，高速道路や航空機《こうくうき》を使っても利益《りえき》が出るからです。

寝る前にもう一度

- ✪ 太平洋ベルトに工業地帯・工業地域が集中。
- ◐ 高速道路沿いや空港の近くにIC工場がいっぱい。

12. いろいろな工業

□ 月 日
□ 月 日

★今夜おぼえること

🌟重化学工業は金属《きんぞく》，機械，化学工業。

鉄鋼《てっこう》や自動車など比《ひ》かく的重い製《せい》品《ひん》をつくる重工業と，化学工業を合わせて重化学工業と呼《よ》ぶよ。

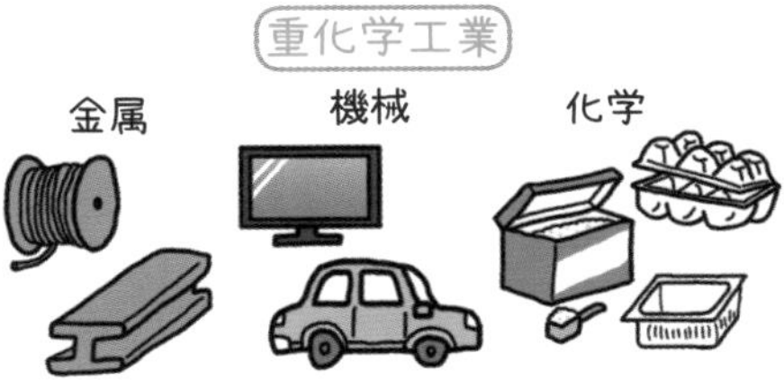

🌙軽工業は食料品，せんい工業など。

比かく的軽くて，日常《にちじょう》で使うような製品をつくる工業が軽工業だよ。

★今夜のおさらい

金属《きんぞく》，機械，化学工業をまとめて重化学工業と呼《よ》びます。第二次世界大戦後，日本の工業の中心となりました。現在《げんざい》は，機械工業が最もさかんになっています。

食料品工業，せんい工業などをまとめて軽工業と呼びます。第二次世界大戦前までは，日本の工業の中心でした。焼き物（陶磁器《とうじき》）などをつくるよう業も軽工業です。

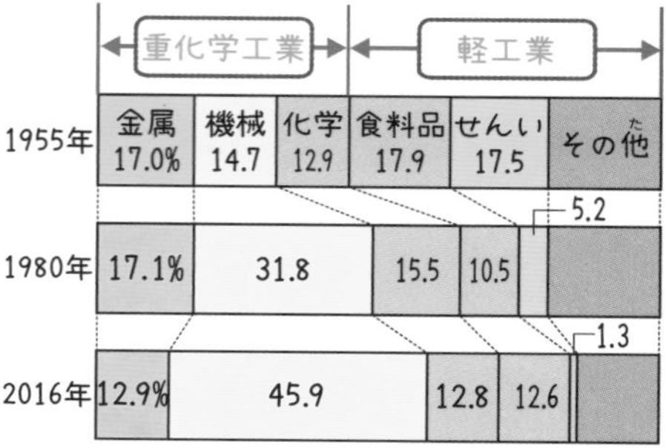

（2019/20年版「日本国勢図会」ほか）

▲重化学工業と軽工業の工業生産額割合《がくわりあい》の変化

寝る前にもう一度

- 重化学工業は金属，機械，化学工業。
- 軽工業は食料品，せんい工業など。

13. 日本の工業の特色

□　　月　　日
□　　月　　日

★今夜おぼえること

海外で現地《げんち》生産（海外生産），国内で産業の空《くう》どう化《か》。

アジアなどの国で生産したほうが費用《ひよう》が安いことなどから，現地生産が増えているよ。

工場のほとんどは中小工場，生産額《せいさんがく》の半分以上をしめる大工場。

働く人が300人以上が大工場，働く人が300人未満が中小工場だよ。

★今夜のおさらい

🌟工場を海外に移《うつ》す 現地《げんち》生産 が増《ふ》え，国内でものをつくる力がおとろえる 産業 の空《くう》どう化《か》が起こっています。国内では工場数・働く人・生産の減少《げんしょう》がみられます。

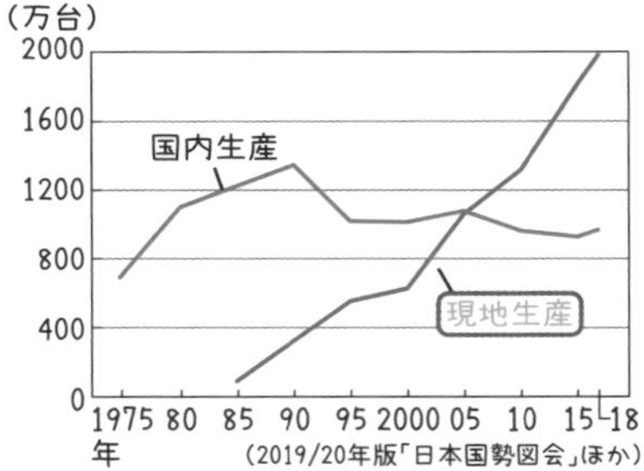

(2019/20年版「日本国勢図会」ほか)

▲日本の自動車メーカーの国内生産・現地生産の変化

🌙日本の工場数のほとんどを 中小工場 がしめていますが，生産額《せいさんがく》の半分以上は 大工場 がしめています。日本には独自《どくじ》のすぐれた技術《ぎじゅつ》をもつ 中小工場 が多くあります。

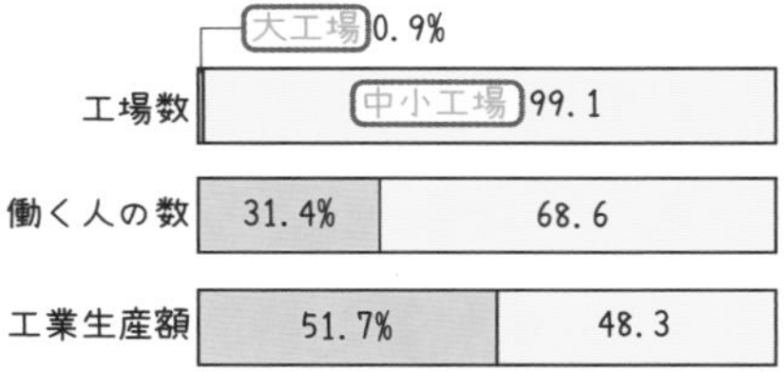

(2016年) (2019/20年版「日本国勢図会」)

▲ 大工場 と 中小工場 の割合《わりあい》

寝る前にもう一度

- 🌟海外で現地生産（海外生産），国内で産業の空どう化。
- 🌙工場のほとんどは中小工場，生産額の半分以上をしめる大工場。

★今夜おぼえること

日本は機械類や自動車を輸出《ゆしゅつ》，機械類や石油を輸入《ゆにゅう》。

中国《ちゅうごく》をはじめ，アジアの国々《くにぐに》との貿易《ぼうえき》がさかんだよ。アメリカ合衆国《がっしゅうこく》との貿易額《がく》も多いんだ。

輸出品

機械類や自動車

輸入品

機械類や原材料

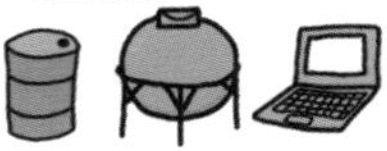

荷物を箱で運ぶコンテナ船，石油を運ぶタンカー。

コンテナ船は，大きさが統一《とういつ》された箱（コンテナ）に入った荷物を運ぶよ。

海上輸送《ゆそう》の中心

コンテナ船

タンカー

★今夜のおさらい

✪輸出品《ゆしゅつひん》で多いのは機械類や自動車，輸入《ゆにゅう》品《ひん》で多いのは機械類や石油です。日本は原材料を輸入し製品《せいひん》を輸出する**加工貿易《ぼうえき》**を行ってきましたが，近年は機械類の輸入が増《ふ》えました。

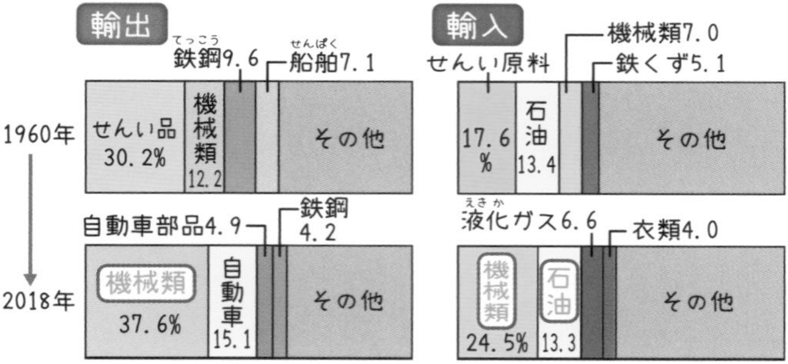

（2019/20年版「日本国勢図会」）

▲日本の輸出入品の変化

◐海上輸送《ゆそう》では，荷物を大型《おおがた》の箱で運ぶコンテナ船や，石油を運ぶタンカーが活やくします。

日本は，ペルシャ湾岸《わんがん》の国々《くにぐに》から
石油を多く輸入しているよ。

寝る前にもう一度

✪日本は機械類や自動車を輸出，機械類や石油を輸入。

◐荷物を箱で運ぶコンテナ船，石油を運ぶタンカー。

★今夜おぼえること

マスメディアは新聞・テレビ・ラジオ・雑誌《ざっし》・インターネットなど。

たくさんの人に同じ情報《じょうほう》を一度に送る方法のことを，マスメディアというよ。

マスメディア
週刊

インターネットでウェブサイトや電子メールをチェック。

家にいながら買い物ができるインターネットショッピングも利用されているよ。

アイドル
ジョニーズ
メール
見させてよー。
セールの告知が…
ちょっと
待って。

★今夜のおさらい

情報《じょうほう》を送る方法のことをメディアといい，中でも新聞やテレビ，ラジオや雑誌《ざっし》，インターネットなどを マスメディア といいます。新聞は持ち運びができる，テレビは新聞よりも速く伝えることができるなど，それぞれに特色があります。

インターネット は，世界中のコンピューターを結ぶネットワークです。ウェブサイトや電子メールをチェックしたり，インターネットショッピングを利用したりできます。ほかにもSNS《エスエヌエス》（ソーシャル・ネットワーキング・サービス）を利用して，さまざまな情報を得《え》たり，多くの人と交流したりすることができます。

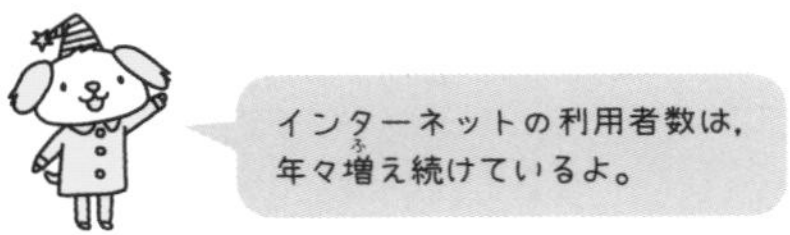
インターネットの利用者数は，
年々増《ふ》え続けているよ。

寝る前にもう一度

- マスメディアは新聞・テレビ・ラジオ・雑誌・インターネットなど。
- インターネットでウェブサイトや電子メールをチェック。

16. 情報を使いこなす

☐　月　日
☐　月　日

★今夜おぼえること

🌟はん売や運輸《うんゆ》の仕事で情報《じょうほう》通信技術《ぎじゅつ》を活用。

情報通信技術は，ICT《アイシーティー》と呼《よ》ぶこともあるよ。

おにぎりを多めに…。
BUS
5分おくれです。

コンビニエンスストア　　　バス

🌙必要な情報を選び，活用する能力《のうりょく》が，メディアリテラシー。

インターネットなどには，まちがった情報も多いので気をつけよう。

もう勉強しなくていいんだ。やったー！！
そんなわけないだろ…。
学校のテストなくなる!!

★今夜のおさらい

コンピューターなどの情報《じょうほう》通信機器からインターネットを使って，情報処理《しょり》や通信を行う技術《ぎじゅつ》などのことを**情報通信技術**といいます。コンビニエンスストアのPOS《ポス》システムや，GPS《ジーピーエス》を使ったバスロケーションシステムなど，さまざまな産業で活用されています。

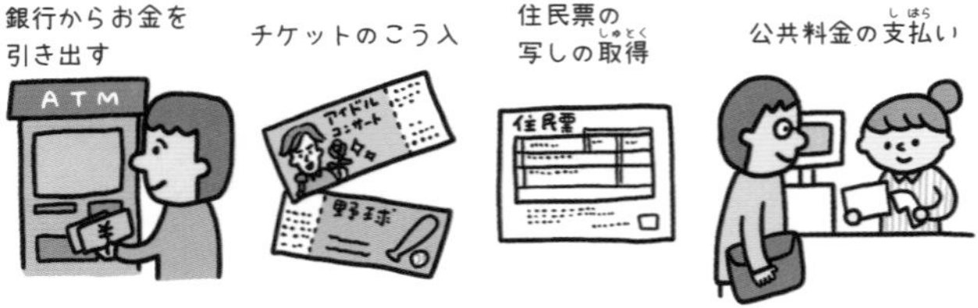

▲ICT《アイシーティー》を使ったコンビニエンスストアのサービスの例

情報があふれる情報(化)社会では，メディアが伝える情報の中から自分にとって必要な情報を選び，内容《ないよう》が正しいかどうかを確認《かくにん》して，活用する能力《のうりょく》である**メディアリテラシー**を身につけることが重要です。

寝る前にもう一度

- はん売や運輸《うんゆ》の仕事で情報通信技術を活用。
- 必要な情報を選び，活用する能力が，メディアリテラシー。

17. 自然災害を防ぐ

□　月　日
□　月　日

★今夜おぼえること

大雨でこう水や土砂《どしゃ》災害《さいがい》，地震《じしん》では津波《つなみ》が発生することも。

ほかにも，火山の噴火《ふんか》や雪害などの自然災害が起こっているよ。

災害によるひ害の予測《よそく》などを示《しめ》したハザードマップ。

ハザードマップは防災《ぼうさい》マップともいうよ。ひなん場所やひなん経路《けいろ》なども示されているんだ。

ここがひなん場所か…
って，うちの小学校じゃん！
防災マップ
避難所
○○小学校

★今夜のおさらい

大雨がふると，こう水や土砂災害《どしゃさいがい》が起こることがあります。また，地震《じしん》では津波《つなみ》が発生することもあり，2011年の東日本大震災では大きなひ害が出ました。緊急《きんきゅう》地震速報《そくほう》は，地震の強いゆれが予想されることを，直前に知らせてくれます。

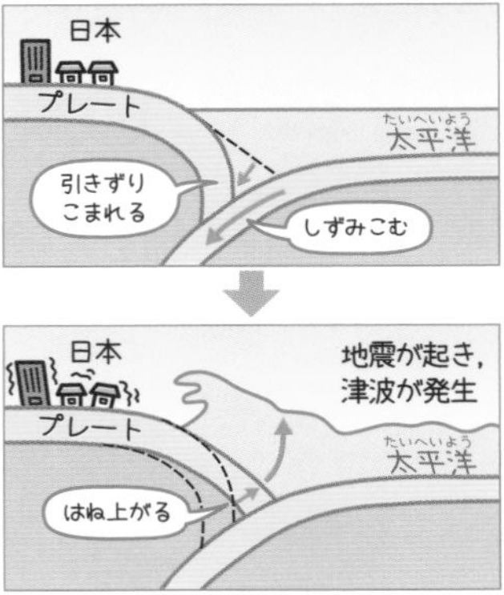

▲プレート　地球の表面をおおう，十数個の大きな岩盤《がんばん》の運動で地震が起こるしくみ

地震やこう水などの災害が起こった場合にひ害が出そうな地域《ちいき》やひ害の程度《ていど》の予測《よそく》，ひなん場所やひなん経路《けいろ》などを示《しめ》した地図をハザードマップといいます。都道府県や市町村が作成しています。

寝る前にもう一度

- 大雨でこう水や土砂災害，地震では津波が発生することも。
- 災害によるひ害の予測などを示したハザードマップ。

18. 森林とともに生きる

□　　月　　日
□　　月　　日

★今夜おぼえること

ゴロ合わせ 林業では，した(下草がり)うち(枝打ち)あかん(間ばつ)。

ちっ。下草がりめんどくせぇな。
そんなこと言うたらあかん！

林業では，雑草《ざっそう》を取り除《のぞ》く下草《したくさ》がり，余分《よぶん》な枝《えだ》を切る枝打ち，日光がよくあたるように，弱った木を切る間《かん》ばつなどの作業があるよ。

世界遺産《いさん》の白神《しらかみ》山地にぶなの原生林，屋久島《やくしま》に屋久杉《やくすぎ》。

屋久島の屋久杉の中には，樹齢《じゅれい》数千年ともいわれる縄文杉《じょうもんすぎ》があるよ。

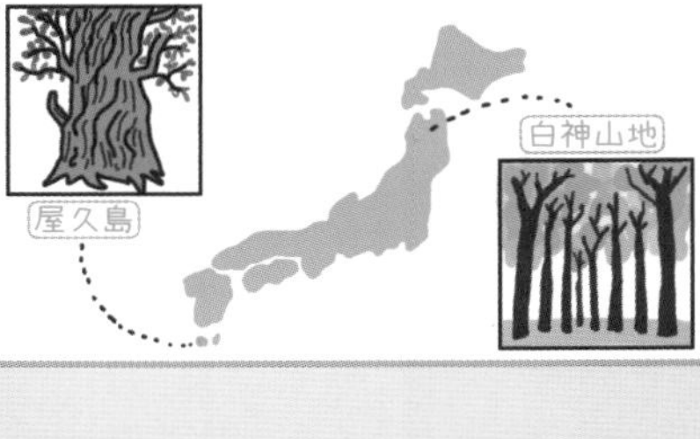

屋久島
白神山地

★今夜のおさらい

林業の主な作業に下草《したくさ》がり，枝打《えだう》ち，間《かん》ばつなどがあります。値段《ねだん》の安い輸入《ゆにゅう》木材におされて，林業の経営《けいえい》は厳《きび》しくなっています。また，林業で働く若《わか》い人が減《へ》り，高齢化《こうれいか》が進んでいることも問題です。

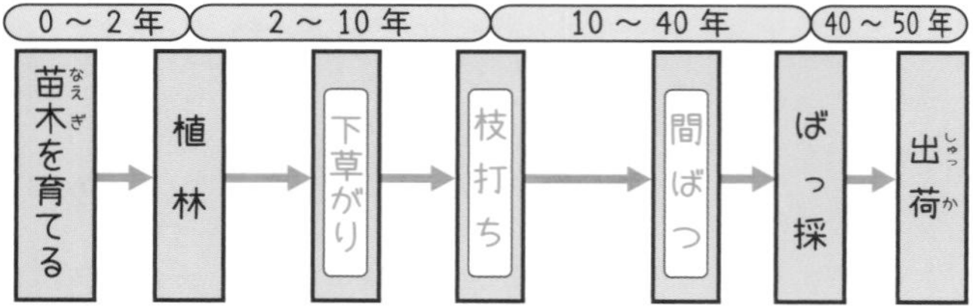

▲林業の仕事の流れ（一例）

ぶなの原生林が広がる白神山地《しらかみさんち》，屋久杉《やくすぎ》がしげる屋久島《やくしま》はどちらも世界自然遺産《いさん》に登録されています。白神山地は青森県と秋田県の県境《けんきょう》，屋久島は鹿児島県にあります。

寝る前にもう一度

林業では，した(下草がり) うち(枝打ち) あ かん(間ばつ)。

世界遺産の白神山地にぶなの原生林，屋久島に屋久杉。

★今夜おぼえること

四大公害病は，水俣病《みなまたびょう》・新潟水俣病・イタイイタイ病・四日市《よっかいち》ぜんそく。

1950年代後半から工業がめざましく発展《はってん》し，各地で公害が発生したよ。

法律《ほうりつ》や条例《じょうれい》の制定《せいてい》，エコタウンの取り組みで環境《かんきょう》を守る。

条例とは，都道府県や市町村が，法律の範囲内《はんいない》で独《どく》自《じ》につくるきまりのことだよ。

法律で工場廃水《はいすい》を規制《きせい》

条例で川岸での花火を禁止《きんし》

★今夜のおさらい

🌟日本は1950年代後半から工業が急速に発《はっ》展《てん》しました。それにともない，水俣病《みなまたびょう》・新潟水俣病・イタイイタイ病・四日市《よっかいち》ぜんそくの**四大公害病**が発生しました。

▲四大公害病の発生地

🌙環境《かんきょう》を守るために国は法律《ほうりつ》，都道府県などは条例《じょうれい》を定めています。**リサイクル**を積極的に進めるエコタウン事業に取り組む市町村もあります。

▲北九州市《きたきゅうしゅうし》の取り組み
（福岡県）

寝る前にもう一度

🌟四大公害病は，水俣病・新潟水俣病・イタイイタイ病・四日市ぜんそく。

🌙法律や条例の制定《せいてい》，エコタウンの取り組みで環境を守る。

★今夜のおさらい

話し言葉は、言葉だけでなく、表情《ひょうじょう》、声の強弱（大小・高低）、話す速さなどでも気持ちを表すことができます。

話す相手によって、敬語《けいご》を使ったり方言を使ったりもするね。

書き言葉は、見直して書き改めたり、あとからくり返して読んだりすることができます。

話し言葉だとまちがえやすい、同じ発音の言葉も、書き言葉なら区別できるよ。例 市立《しりつ》・私立《しりつ》

寝《ね》る前にもう一度

声《こえ》で伝《つた》える話《はな》し言葉《ことば》。

文字《もじ》で伝《つた》える書《か》き言葉《ことば》。

月　日
月　日

★今夜おぼえること

声《こえ》で伝《つた》える
話《はな》し言葉《ことば》。

文字《もじ》で伝《つた》える
書《か》き言葉《ことば》。

★今夜のおさらい

自分の動作を低めて言う言い方がけんじょう語です。「お（ご）～する」は、その基《き》本《ほん》形《けい》の一つです。

尊敬語《そんけいご》の言い方と似《に》ているので、注意しようね。

相手に対するていねいな言い方がていねい語です。「です」「ます」は文末に付けます。

「ございます」もていねい語だよ。「あちらでございます。」などと使うよ。

寝《ね》る前にもう一度

わたしは先生《せんせい》にご相談《そうだん》する。

「です」「ます」は、終《お》わりに付《つ》けるていねい語《ご》。

月　日
月　日

★今夜おぼえること

わたしは先生《せんせい》にご相談《そうだん》する。

「です」「ます」は、終《お》わりに付《つ》けるていねい語《ご》。

今夜のおさらい

相手の動作をうやまって言う言い方が尊敬語《そんけいご》です。「お（ご）〜になる」は、その基本形《きほんけい》の一つです。

「お客様が」のように、他の部分も尊敬の言い方にしようね。

寝《ね》る前にもう一度

お客様《きゃくさま》がお話《はな》しになる。

「めしあがる」は「食べる・飲む」の尊敬語で、特別な言葉です。「お食べ（お飲み）になる」と同じ意味です。

尊敬語の特別な言葉には、他に「おっしゃる（言う）」「いらっしゃる（いる・来る・行く）」などもあるよ。

校長先生《こうちょうせんせい》が、給食《きゅうしょく》をめしあがる。

□ 月 日
□ 月 日

★今夜おぼえること

お客様《きゃくさま》がお話《はな》しになる。

校長先生《こうちょうせんせい》が、給食《きゅうしょく》をめしあがる。

☆ 二つ以上の語が組み合わさって、一つの語となったものを 複合語《ふくごうご》 といいます。

例 折り曲げる

「飛び起きる」や「折り曲げる」は、動きを表す複合語だね。

☽ 複合語には、様子を表す語や、ものの名前を表す語もあります。

例

様子 ね苦しい

ものの名前 たまご焼き

「ね苦しい」は「ねる＋苦しい」の複合語だよ。

寝《ね》る前にもう一度

☆「飛《と》ぶ」と「起《お》きる」で「飛《と》び起《お》きる」。

☽「青《あお》い」と「白《しろ》い」で「青白《あおじろ》い」。

月　日
月　日

★今夜おぼえること

「飛《と》ぶ」と「起《お》きる」で「飛《と》び起《お》きる」。

「青《あお》い」と「白《しろ》い」で「青白《あおじろ》い」。

★今夜のおさらい

★★★ 和語・漢語・外来語の中には、意味が同じものがあります。

例
望み　和語
希望　漢語

写真機　漢語
カメラ　外来語

和語は訓読み、漢語は音読みの言葉。外来語はカタカナで表すよ。

☽ 同じ熟語《じゅくご》でも和語か漢語かで、意味がちがうものがあります。

例
初日
はつひ　和語
しょにち　漢語

「風車」も和語なら「かざぐるま」、漢語なら「ふうしゃ」だよ。

寝《ね》る前にもう一度

★★★ 何《なに》食《た》べる？　昼飯《ひるめし》？　昼食《ちゅうしょく》？　ランチ？

☽ なまもの／セイブツ、いろがみ／シキシ。

月　日
月　日

★今夜おぼえること

何《なに》食《た》べる？

昼飯《ひるめし》？　昼食《ちゅうしょく》？

ランチ？

なまもの／セイブツ、

いろがみ／シキシ。

その言葉全体を特別な読み方で読む言葉があります。

例 昨日《きのう》・今朝《けさ》・景色《けしき》・清水《しみず》・七夕《たなばた》・部屋《へや》

「昨日」は「さくじつ」と読めば、特別な読み方ではないよ。

特別な読み方をする言葉には、漢字とひらがなが交じったものもあります。

例 真っ赤《まっか》・真っ青《まっさお》

「母さん《かあさん》」「父さん《とうさん》」も特別な読み方をする言葉だよ。

寝《ね》る前にもう一度

八百屋《やおや》も果物《くだもの》売《う》ってるよ。

下手《へた》なんだけど手伝《てつだ》うよ。

月　日
月　日

★今夜おぼえること

八百屋《やおや》も果物《くだもの》
売《う》ってるよ。

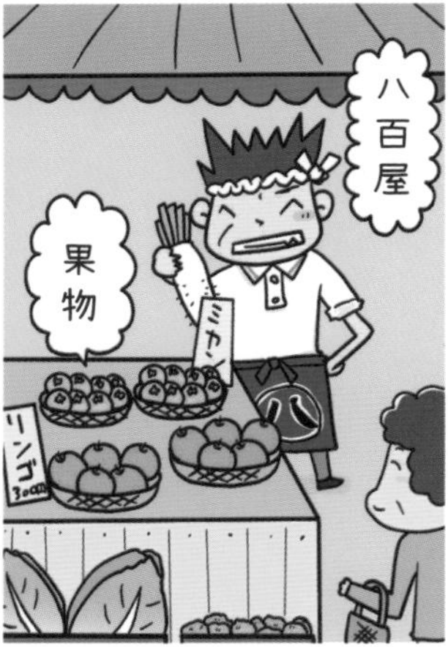

下手《へた》なんだけど
手伝《てつだ》うよ。

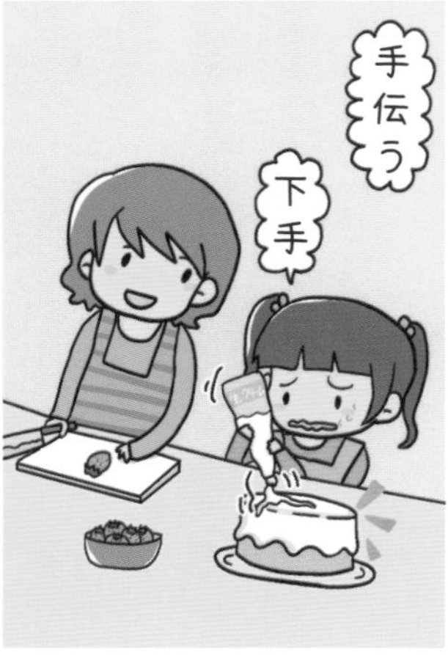

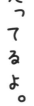

発音が同じで意味はちがう熟語《じゅくご》を同音《どうおん》異義語《いぎご》といいます。

例

照明《しょうめい》 証明《しょうめい》

交代《こうたい》 後退《こうたい》

同音異義語には、一字が共通するものと、二字ともちがうものとがあるよ。

訓読みが同じで意味はちがう漢字を同《どう》訓異字《くんいじ》といいます。

例

追う 負う

差す 指す

例は、「夢《ゆめ》を追う。／責任《せきにん》を負う。」、「日が差す。／北を指す。」のように使い分けるよ。

寝《ね》る前にもう一度

平日《へいじつ》以外《いがい》は意外《いがい》と元気《げんき》。

お茶《ちゃ》は熱《あつ》い、真夏《まなつ》は暑《あつ》い、本《ほん》は厚《あつ》い。

13. 同じ読みの熟語《じゅくご》や漢字

月　日　月　日

今夜おぼえること

平日《へいじつ》以外《いがい》は
意外《いがい》と元気《げんき》。

お茶《ちゃ》は熱《あつ》い、
真夏《まなつ》は暑《あつ》い、
本《ほん》は厚《あつ》い。

国語

今夜のおさらい

★

「上」の漢字が、「下」の漢字をくわしく説明する組み立てです。

例 休日・好物・室内・勝者・人体・広場

「休みの日」「好きな物」のように、上から下へ読んで意味が通じるよ。

☽

「下」の漢字が、「上」の漢字の目的・対象《たいしょう》を表す組み立てです。

例 開店・読書・登山・乗車・加熱・発声

下から上へ、「〜を…」「〜に…」のように読むことができるよ。

寝《ね》る前にもう一度

★「南国《なんごく》」は南《みなみ》の国《くに》、「深海《しんかい》」は深《ふか》い海《うみ》。

☽「消火《しょうか》」は火《ひ》を消《け》す、「着席《ちゃくせき》」は席《せき》に着《つ》く。

月 日
月 日

今夜おぼえること

「南国《なんごく》」は南《みなみ》の国《くに》、「深海《しんかい》」は深《ふか》い海《うみ》。

「消火《しょうか》」は火《ひ》を消《け》す、「着席《ちゃくせき》」は席《せき》に着《つ》く。

国語

★今夜のおさらい

★★意味がおたがいに反対（対《つい》）の漢字どうしの組み立てです。

例 遠近・高低・前後・増減《ぞうげん》・損得《そんとく》・明暗

「遠いと近い」「高いと低い」のように、言いかえてみよう。

🌙意味がおたがいに似《に》た漢字どうしの組み立てです。

例 絵画・岩石・寒冷・建設《けんせつ》・行進・取得《しゅとく》

「建設」は、「建てる」と「設《もう》ける」だね。

寝《ね》る前にもう一度

★★「上下《じょうげ》」は、「上《うえ》⇕《と》下《した》」で反対《はんたい》だ。

🌙「学習《がくしゅう》」は、「学《まな》ぶ＝《と》習《なら》う」で似《に》た意味《いみ》だ。

11. 二字熟語《じゅくご》の組み立て①

□月 日 □月 日

★今夜おぼえること

「上下《じょうげ》」は、「上《うえ》⇕下《した》」で反対《はんたい》だ。

「学習《がくしゅう》」は、「学《まな》ぶ＝習《なら》う」で似《に》た意味《いみ》だ。

★今夜のおさらい

「歩く」や「早い」のような形の変わる言葉は、原則《げんそく》として形の変わる部分からが送りがなです。

いろいろな言葉に「ない」を付けて、形がどこから変わるか見てみよう。

ものの様子を表す言葉で「〜しい」の形のものは、「しい」が送りがなになります。

例 美しい

「新しい・険《けわ》しい・親しい・貧《まず》しい」なども そうだね。

寝《ね》る前にもう一度

「ない」付《つ》けて、変《か》わるとこから送《おく》りがな。

「苦《くる》しい」「楽《たの》しい」、「しい」を送《おく》ろう。

月　日　月　日

★今夜おぼえること

「ない」付《つ》けて、
変《か》わるとこから
送《おく》りがな。

あるく
あるかない
「ある」までは変わらない。
↓
歩く

はやい
はやくない
「はや」までは変わらない。
↓
早い

「苦《くる》しい」「楽《たの》しい」、
「しい」を送《おく》ろう。

★今夜のおさらい

「覚」には「おぼえる・さます・さめる」の訓があります。送りがなで読み分けましょう。

「さめる」は「夢《ゆめ》から覚める。」のように使われるよ。

「増《ふ》える・増《ま》す」は「増加《ぞうか》する」と同じ意味です。「増」には「ふやす」という訓もあります。

「ふやす」は「人数を増やす。」のように使われるね。

寝《ね》る前にもう一度

目《め》を覚《さ》ますと覚《おぼ》えのない顔《かお》。

おやつが増《ふ》えると体重《たいじゅう》が増《ま》す。

月　日
月　日

★今夜おぼえること

目《め》を覚《さ》ますと
覚《おぼ》えのない顔《かお》。

おやつが増《ふ》えると
体重《たいじゅう》が増《ま》す。

「平」には「ヘイ」・「ビョウ」の音《おん》がありますが、「ビョウ」と読む主な熟語《じゅくご》は、「平等」だけです。

「ヘイ」と読む熟語は、「平地・平原・平行・公平・水平」など、たくさんあるよ。

「興」には「コウ」・「キョウ」の音があります。「おもしろみ」という意味のとき、「キョウ」と読みます。

「キョウ」と読む熟語には、「興味《きょうみ》」もあるね。

寝《ね》る前にもう一度

みな平等《びょうどう》で わが家《や》は平和《へいわ》。

お客《きゃく》さん、余興《よきょう》に興奮《こうふん》。

★今夜おぼえること

☆☆☆ みな平等《びょうどう》で
わが家《や》は平和《へいわ》。

🌙 お客《きゃく》さん、
余興《よきょう》に興奮《こうふん》。

会意《かいい》文字は、二つ以上の漢字を組み合わせて、新しい意味を表した文字です。

例 男・岩・森・鳴・位

右の例の漢字は、どんな漢字が組み合わさったのかな？

形声《けいせい》文字は、意味を表す部分と、音《おん》を表す部分を組み合わせて作った文字です。

例 晴・想・管・議・洋

右の例の漢字は、どの部分が「意味」と「音」に当たるだろう。

寝《ね》る前にもう一度

出《で》会《あ》った意《い》味《み》で会《かい》意《い》文《も》字《じ》。

意《い》味《み》と音《おん》とで形《けい》声《せい》文《も》字《じ》。

月 日 月 日

★今夜おぼえること

出会《であ》った意味《いみ》で会意文字《かいいもじ》。

「林」や「明」は会意文字

木＋木＝林

木が複数《ふくすう》ある。

日＋月＝明

日と月があると、明るい。

意味《いみ》と音《おん》とで形声文字《けいせいもじ》。

「時」や「板」は形声文字

時

「ジ」の音《おん》

「日」の意味

板

「ハン」の音

「木」の意味

★今夜のおさらい

象形《しょうけい》文字は「↓↓山」のように、ものの形に似《に》せてできた文字です。

例 火・手・田・目・馬

「象」には「かたどる」という意味があるんだよ。

指事《しじ》文字は、形に表しにくい事がらを印や記号を使って表した文字です。

例 一・二・三・下

「指事」の「事」を、「示」と書きまちがえないようにね。

寝《ね》る前にもう一度

な象《ゾー》る（なぞる）形《かたち》は象形《しょうけい》文字《もじ》。

指《さ》すよ事《こと》がら 指事《しじ》文字《もじ》だ。

月　日
月　日

★今夜おぼえること

な象《ゾー》る形《かたち》は（なぞる）
象形《しょうけい》文字《もじ》。

「山」や「鳥」は象形文字

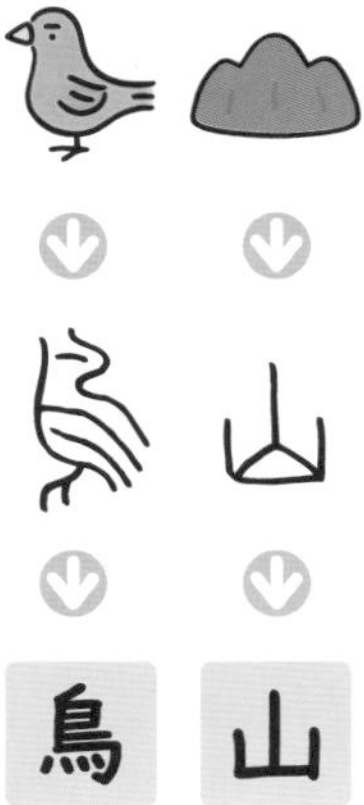

指《さ》すよ事《こと》から
指事《しじ》文字《もじ》だ。

「上」や「本」は指事文字

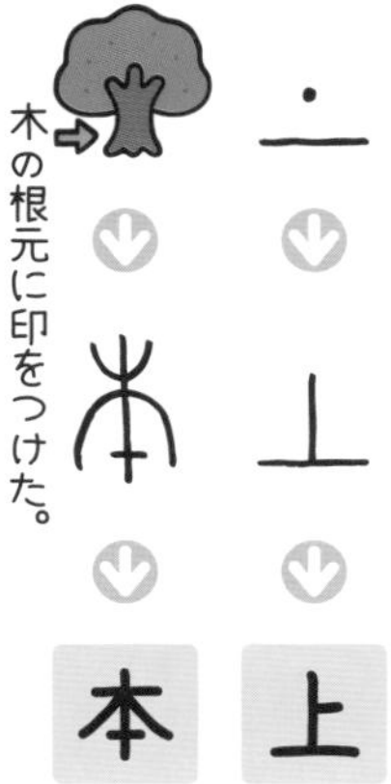

★今夜のおさらい

武

音 ブ ム
訓 ―

・武器《ぶき》
・武士《ぶし》
・武者人形《むしゃにんぎょう》をかざる。

最後の1画の点（、）をわすれないようにしてね。

夢

音 ム
訓 ゆめ

・夢中《むちゅう》
・初夢《はつゆめ》
・優勝《ゆうしょう》して夢心地《ゆめごこち》になる。

「冖」の部分をはば広く書くと、字の形が整えやすいよ。

寝《ね》る前にもう一度

二《に》げて止《と》まり、坂《さか》（レ）ですってん（、）、武士《ぶし》なのに。

サルまど（罒）ごしにワタしに夢中《むちゅう》。

月　日
月　日

★今夜おぼえること

ニ《に》げて止《と》まり、坂《さか》(し)ですってん(こ)、武《ぶ》士《し》なのに。

サル まど(罒)ごしに ワタしに夢《む》中《ちゅう》。

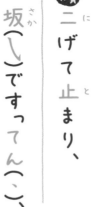

☆☆☆ 混

音 コン

訓 まじる まざる まぜる こむ

・混雑《こんざつ》

・混む《こむ》

・赤と白の絵の具を混ぜる《まぜる》。

「交じる・交ざる・交ぜる」との使い分けに注意しよう。

☽ 賛

音 サン

訓 ―

・賛辞《さんじ》

・賛成《さんせい》

・新製品《しんせいひん》が、絶賛《ぜっさん》発売中だ。

「賛」には「①ほめる。②同意する」などの意味があるよ。

寝《ね》る前にもう一度

☆☆☆ シ（氵）ずかな日《ひ》に比《くら》べて、今日《きょう》は混雑《こんざつ》。

☽ 夫《おっと》と夫《おっと》、貝《かい》を賞賛《しょうさん》。

月　日　月　日

★今夜おぼえること

シ（氵）ずかな日《ひ》に
比《くら》べて、
今日《きょう》は混《こん》雑《ざつ》。

夫《おっと》と夫《おっと》、貝《かい》を
賞賛《しょうさん》。

久

音 キュウ（ク）
訓 ひさしい

ノクク久

・永久《えいきゅう》
・久久《ひさびさ》（久々）
・持久力《じきゅうりょく》をつける。

「久」の画数は3画。「ノ」の部分を1画で書くことに注意。

告

音 コク
訓 つげる

ノ𠂉牛生牛告告

・告白《こくはく》
・広告《こうこく》
・別れを告げる《つげる》。

「告」には「①知らせる。②うったえる」などの意味があるよ。

寝《ね》る前にもう一度

★ クマが坂道《さかみち》（ヽ）久《ひさ》しぶり。

☽ ノどかな土曜日《どようび》、ロバのお告《つ》げ。

月　日　月　日

★今夜おぼえること

クマが坂《さか》道《みち》（＼）
久《ひさ》しぶり。

ノどかな土《ど》曜日《ようび》、
ロバのお告《つ》げ。

★今夜のおさらい

格

音 カク (コウ)
訓 ―

一 十 才 木 朩 杉 枚 柊 格 格

・合格《ごうかく》
・資格《しかく》
・あの人は性格《せいかく》がよい。

「格」には「①きまり。②本質《ほんしつ》」などの意味があるよ。

規

音 キ
訓 ―

一 二 キ 夫 夫 知 規 規 規 規 規

・規格《きかく》
・新規《しんき》
・不規則《ふきそく》な生活を改める。

「規」の左側の「夫」は、最後の丿画を少し短く書こう。

寝《ね》る前にもう一度

木曜日《もくようび》、各地《かくち》で合格発表《ごうかくはっぴょう》だ。

夫《おっと》が見《み》るのが規則《きそく》だよ。

★今夜おぼえること

★★★ 木《もく》曜《よう》日《び》、各地《かくち》で
合格《ごうかく》発表《はっぴょう》だ。

☽ 夫《おっと》が見《み》るのが
規則《きそく》だよ。

月　日
月　日

桜

音 (オウ)
訓 さくら

一 十 才 木 木 木 桜 桜 桜

・桜色《さくらいろ》
・夜桜《よざくら》
・桜貝《さくらがい》を拾う。

「ッ」を「ツ」と書きまちがえないでね。

可

音 カ
訓 —

一 丅 冂 𠮞 可

・可能《かのう》
・許可《きょか》
・賛成《さんせい》多数で可決《かけつ》する。

「可」には「①よいとみとめる。②できる」の意味があるよ。

寝《ね》る前にもう一度

木《き》の横《よこ》でツき見《み》る女《おんな》は桜好《さくらず》き。

一口《ひとくち》で1《ひと》(亅)つは可能《かのう》だよ。

月　日
月　日

★今夜おぼえること

木《き》の横《よこ》で
ツき見《み》る女《おんな》は
桜《さくら》好《ず》き。

一口《ひとくち》で1《ひと》(亅)つは
可《か》能《のう》だよ。

国語

国語は
こちら側から
始まるよ!

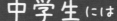

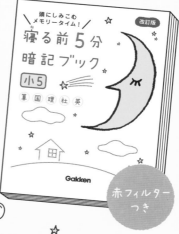

の新習慣《しゅうかん》！／

暗記ブック シリーズ

英検®にチャレンジ！

英検®5級

英検®4級

英検®3級

英検®準2級

無料
ダウンロード
音声

配当漢字表
つき

漢検にチャレンジ！

漢検5級

漢検4級

漢検3級

編集協力：上保匡代，西川かおり，浅沼美加，野口光伸，斎藤貞夫，長谷川千穂

表紙・本文デザイン：山本光徳
本文イラスト：山本光徳，ねもときょうこ，おおつかめぐみ，まつながみか，増田あきこ，村山尚子，
カタツモリ
DTP：株式会社明昌堂　データ管理コード：23-2031-1606（CC2018／2021）
図版：木村図芸社，株式会社明昌堂，株式会社アート工房

※赤フィルターの材質は「PET」です。

◆この本は下記のように環境に配慮して製作しました。
・製版フィルムを使用しないCTP方式で印刷しました。
・環境に配慮して作られた紙を使用しています。

寝る前5分 暗記ブック 小5